UN LIBRO DE AUTOAYUDA PARA AQUELLOS QUE NO SABEN

ELLOS NO SABEN

ENS

(TDK, *They Don't Know*)

Consejos sobre las habilidades básicas para la vida, conocimientos y modales para preadolescentes, adolescentes, jóvenes adultos y padres de familia.

Por Regina Shaw Small

Traducción:
C. Karime Dorantes Gutiérrez

Índice

Hacia adelante 4

LISTA BÁSICA Y RÁPIDA DE SUPERVIVENCIA 10

Capítulo 1 - Mantenga a Dios en primer lugar en su vida 12

Capítulo 2 - El verdadero significado del respeto 16

Capítulo 3 - Ama a tu prójimo como a ti mismo 22

Capítulo 4 - Orientación parental 25

Capítulo 5 - Habilidades básicas para la vida: su vida diaria 32

Capítulo 6 - Uso correcto y adecuado del idioma inglés y su gramática 40

Capítulo 7 - Consejos para entrevistas de trabajo y cómo vestirse para el éxito 44

Capítulo 8 - Consejos para elaborar un currículum 51

Capítulo 9 - Escritura en cursiva 56

Capítulo 10 - Conocimiento financiero 60

Capítulo 11 - Cómo emitir un cheque 65

Capítulo 12 - Buena higiene 69

Capítulo 13 - Empleo 75

Capítulo 14 - Cordialidad al manejar y reglas de vialidad 83

Capítulo 15 - Una dieta balanceada y ejercicio 87

Capítulo 16 - Cómo enhebrar una aguja 91

Capítulo 17 - Notas de agradecimiento 94

Capítulo 18 - Cómo lavar la ropa a máquina 98

Capítulo 19 - Consejos básicos de seguridad 102

Capítulo 20 - Buenos modales del uso del teléfono celular..........106

Capítulo 21 - Deberes cívicos...109

Capítulo 22 – Conclusión...112

AGRADECIMIENTOS ESPECIALES..116

ACERCA DEL AUTORA...117

NOTAS 120

NOTAS DEL TRADUCTOR 125

Hacia adelante

Por muchos años, he notado la falta de conocimientos básicos y respeto que nuestros jóvenes y adultos jóvenes demuestran hoy en día, y la falta de habilidades básicas típicamente provistas por los padres para ayudarles a sobrevivir y convertirse en adultos íntegros. Algunos podrían decir que, tener un conocimiento básico es lo mismo que tener sentido común o "ingenio materno" (es decir, sentido común). No deben confundirse, tener conocimiento literario o ser inteligente es una cosa, pero tener sentido común es totalmente diferente. Muchos de nuestros antepasados que eran incultos, vivían sólo utilizando el sentido común que les venía natural y les permitía sobrevivir. Concuerdo con esto hasta cierto punto, sin embargo, mucha gente **no tiene ni Idea** cuando se trata de tener **sentido común**... no lo entienden y la mayoría simplemente lo desconoce. Mientras que algunos luchan con el sentido común básico, para otros, es una forma natural de vida. Tener sentido común es algo bueno para aquellos que son capaces de dominar el conocimiento de forma natural y son capaces de sobrevivir, pero tener sentido común no le proporciona a uno las habilidades básicas para la supervivencia.

Hoy en día, muchos padres dejan la responsabilidad únicamente a los maestros de educar a sus hijos, de proporcionarles las habilidades básicas y los modales que en realidad es trabajo de los padres. Estoy en <u>total desacuerdo</u> con que los padres dependan de los maestros para que ellos hagan su trabajo. Con cada nueva generación, estamos perdiendo a nuestros hijos. Los padres deben ser los primeros maestros de los niños. Padres de familia, ¿dónde están? El entrenamiento inicial y la crianza de los hijos debe comenzar en casa, pero actualmente, en muchos casos no es así. Es justamente esto, lo que me impulsó a escribir este libro "Ellos no saben – Consejos para las habilidades básicas de la vida, conocimiento y modales".

Los cursos de economía doméstica y habilidades para la vida, solían ser un pilar en nuestros sistemas escolares públicos en todo el país, pero han desaparecido en muchos sistemas, en una época en que las habilidades básicas son sumamente necesarias. Las clases de economía doméstica reforzaban y proporcionaban habilidades para la vida, que no se recibían en casa. Estos cursos deberían ser una constante en las escuelas y pueden reincorporarse si se solicitan a su Junta Directiva Escolar local a través de la Asociación de Padres de familia y Maestros[i], la Asociación de Padres, Maestros y Estudiantes[ii] o a la Organización de Padres y Maestros[iii]. Involúcrese y conozca el plan de estudios y los cursos que se imparten en la escuela de su comunidad local.

Mis ideas iniciales para este libro no incluían referencias bíblicas, pero mi vida está tan entrelazada, centrada en torno a y basada en la Biblia para sentirme motivada, que éstas no podían ser excluidas.

Este libro está dedicado a mis padres, unos padres de toda una vida, Thelma y Alonzo Shaw padre, ambos ya fallecidos, quienes trabajaron arduamente para criar a una familia de cinco hijos; cuatro hijas, Evon, Marlene, Doristine y yo (Regina), y un varón, Alonzo Shaw hijo. Eran temerosos de Dios, firmes y amantes de la diversión. Nos dieron suficiente libertad para aventurarnos de forma independiente, aprender y crecer, pero aún así, mantenían el control parental. Se lo tomaban en serio cuando se trataba de criarnos; el trabajo duro y saber nuestras responsabilidades era importante. Les teníamos respeto a nuestros padres, a nosotros mismos y a los demás. No se toleraba que respondiéramos, habláramos con descaro, o nos quejáramos en voz baja. Mi madre era ama de casa, una muy buena cocinera y la encargada de la disciplina en casa, mientras que papá era el único proveedor de la familia, que cubría nuestras necesidades básicas y nos complacía algunos de nuestros deseos. Él se jubiló de la compañía de neumáticos Firestone después de 33 años. Papá también era un buen cocinero que se especializaba en platillos gourmet tales como, *Coubion* o sopa de cabeza de pescado, un platillo cajún, y otras deliciosas sopas y estofados picantes. También preparaba el mejor arroz y pudín de pan del mundo. En ocasiones, papá cocinaba cangrejos azules enteros al vapor, una rareza en Tennessee. No éramos pobres, pero de niños creíamos que éramos ricos, porque teníamos unos padres amorosos que nos permitían experimentar muchas cosas y nos criaron para convertirnos en personas responsables. Papá sirvió a nuestro país en el ejército de EE.UU. y combatió en la Segunda Guerra Mundial. Se retiró del ejército como Sargento Mayor, donde sirvió en el Cuerpo de Ingenieros del Ejército.

Cada 5 o 6 años, papá regresaba a casa con un automóvil nuevo para que le echáramos un vistazo, mamá lo manejaba para probarlo y dar su visto bueno. Nos amaban mucho y nada más importaba. Nuestra niñez estuvo bien equilibrada mientras crecíamos. Tuvimos acceso a diferentes actividades como, viajes al zoológico, al circo, de la banda escolar, de verano, actividades de la iglesia, formamos parte de las niñas y niños exploradores, asistíamos al carnaval anual de algodón, la feria del condado y hasta campamentos nocturnos por dos semanas. Nuestro arduo trabajo valía la pena y éramos recompensados por cumplir con nuestros quehaceres como, limpiar la casa cada fin de semana, quitar el polvo, pulir los utensilios de plata, lavar los platos, colgar la ropa en el tendedero, planchar la ropa, pulir los pisos de madera después de encerarlos, para después deslizarnos en ellos con calcetines por diversión, vaciar los basureros, lavar el auto, descongelar y limpiar el congelador, cortar el césped, entre otras. Nunca nos quejamos por cumplir con nuestros deberes, porque siempre lo hacíamos divertido, cantando y bailando.

Muchos de los quehaceres que yo realizaba de niña no existen hoy en día, tales como descongelar el congelador y colgar la ropa afuera en el tendedero. La mayoría han cambiado debido a los avances de la tecnología. Ahora contamos con congeladores sin escarcha, lavavajillas y secadoras para la ropa.

En aquel entonces, una regla en nuestra casa era, *no pidas ir a ningún lado hasta que hayas completado todos tus quehaceres*. Mi mamá era firme, siempre que nos portábamos mal, era suficiente con darnos lo que llamábamos "la mirada", para que inmediatamente dejáramos lo que estábamos haciendo y nos comportáramos. A menudo, mi mamá comentaba a sus amigas que no necesitaba comprar una lavavajillas, porque tenía a cinco lavavajillas en casa. Obviamente, con esto se refería a sus cinco hijos.

Participábamos en numerosas actividades de la escuela y de la iglesia, clubes sociales, la banda de marcha y de concierto, el coro de la iglesia, el consejo juvenil de acomodadores, la banda *Sunshine*, campamento de verano en el parque, *Candy Stripes* (es decir, ayudantes de enfermeras voluntarias en hospitales), el Cuerpo de Cadetes de la Defensa Nacional[iv], el Cuerpo de Entrenamiento de Oficiales de Reserva[v], y muchas más. Una cosa era cierta, si participabas en una actividad, no podías renunciar. Renunciar nunca era una opción.

Cuando era momento de divertirnos en familia, nuestros padres actuaban como niños y era increíble. Nuestra casa era el centro de reunión del vecindario, con muchos bocadillos y lleno de niños y niñas; generalmente eran los niños quienes acudían más a nuestra casa. Mamá sabía bailar tap y se aseguraba de que supiéramos bailarlo también. Además, era muy buena jugando todo tipo de juegos como matatena, saltar la cuerda y patinar sobre ruedas. De hecho, mamá podía patinar sobre ruedas en "posición de águila" como cualquiera de los chicos. Papá era bromista y juguetón. Todos los niños amaban a mis padres. No había nunca un solo momento aburrido, siempre había mucha diversión en la casa de los Shaw. Algunas veces, los domingos por la noche papá nos llevaba a todos de paseo en automóvil y de regreso a casa compraba un galón de helado. Nos entusiasmaban las pequeñas cosas. Incluso, tomábamos vacaciones en familia. Recuerdo claramente una visita que hicimos a una tía en San Luis, Missouri y la visita al zoológico de San Luis. Mamá y papá, ¡gracias por darnos una niñez maravillosa! Los amamos y extrañamos a ambos.

    Mi esposo Gleason también está muy agradecido por sus padres, Nellie y Roman Small, ambos ya fallecidos, quienes también le otorgaron una niñez completa, lo criaron a él y a sus hermanos a ser personas responsables. Su estructura familiar fue casi opuesta a la mía, ya que había cuatro hijos: JC, Buford, Gleason y Norman, y dos hijas, Juease y Geraldine. Mi suegra, a quien cariñosamente llamábamos, mamá Nellie, se encargaba de que sus hijos tuvieran los conocimientos básicos para sobrevivir, como mostrar respeto, limpiar la casa, planchar, lavar los platos, fregar los pisos, cocinar y hacer trabajos extraescolares en el momento adecuado. Mamá Nellie y papá Roman se aseguraron de que sus hijos comprendieran cuáles eran sus responsabilidades y contaran con las herramientas adecuadas para sobrevivir. Sus hijos participaron en varias actividades de la escuela y de la iglesia, pero principalmente realizaban actividades de deportes de equipo. También destinaban tiempo para la diversión familiar y sobre todo, disfrutaban pasar tiempo juntos. *Efesios 6:2* – "Honra a tu Padre y a tu Madre, que es el primer mandamiento de promesa".

Damos gracias a Dios por nuestros padres, quienes nos <u>CRIARON</u> y nos llevaron al punto en el que fuimos capaces de dejar el nido y subsistir por nuestra cuenta con las habilidades básicas para la supervivencia. También, estamos agradecidos por habernos enseñado desde muy pequeños, a respetarnos a nosotros mismos y ser respetuosos con los demás. Los amamos y los extrañamos mucho. Fueron buenos tiempos aquellos.

Espero que disfrute este libro tanto como yo disfruté escribirlo; espero le sea de gran ayuda a alguien. Le pido por favor que, si aprende algo de este libro, aunque sea una sola cosa, comparta ese nuevo conocimiento con alguien más. Que se convierta en, ¡una cadena de favores!

Con cariño,

Regina S. Small

LISTA BÁSICA Y RÁPIDA DE SUPERVIVENCIA

- ✓ Siempre viva una vida piadosa.
- ✓ Siempre rece a diario.
- ✓ Siempre RESPÉTESE a sí mismo y a los demás.
- ✓ Siempre vístase para el éxito.
- ✓ Siempre mantenga una buena higiene.
- ✓ Siempre eduque a su hijo y mantenga control parental.
- ✓ Siempre sea un buen vecino.
- ✓ Siempre utilice un idioma inglés adecuado.
- ✓ Siempre sea un conductor cordial.
- ✓ Siempre mantenga comunicación con su hijo a diario.
- ✓ Nunca beba o envíe mensajes de textos mientras maneje.
- ✓ Desarrolle un plan financiero o un presupuesto.
- ✓ Mantenga una dieta balanceada y ejercítese a diario.
- ✓ Sea un empleado remunerado. Trabaje y no holgazanee.
- ✓ Sea agradecido y agradezca de corazón.
- ✓ Ayude a los demás sin esperar nada a cambio. Haga una cadena de favores.
- ✓ No dé a los demás lo que no quiere para sí mismo.
- ✓ No perjudique a otros. Apoye a los demás. Sea solidario y propicie la fortaleza mutua.

Reflexiones personales –
Lista básica y rápida de supervivencia

1. ¿Qué opina sobre la lista básica de supervivencia?

2. ¿Está familiarizado con cada elemento en la lista?
   Si no es así, identifique aquellos con los que no está familiarizado.

3. ¿Aprendió algo nuevo?

4. Comente con su familia su opinión y escriba sus conclusiones.

COMENTARIOS ADICIONALES

Capítulo 1

Mantenga a Dios en primer lugar en su vida.

Capítulo 1 - El 25 de junio de 1962, ocurrió uno de los más grandes errores en nuestra sociedad. En aquel día, se decidió que la oración y la biblia se eliminarían de las escuelas públicas. La decisión de quitar a Dios del sistema educacional, quitó también la protección en las escuelas y debilitó nuestra convicción sobre lo que es bueno y correcto. Comenzar cada día con una oración era algo maravilloso. Nuestros hijos son el futuro. ¿Qué estamos enseñando a nuestros hijos, más allá de un currículum escolar odio, racismo y violencia con armas de fuego? Necesitamos a Dios en nuestro día a día, hoy más que nunca. Para mantenernos cimentados en una vida de amor centrada en Dios, para mantener la paz mundial, mantener a nuestros hijos a salvo, alejados de las drogas y para mantener el odio, las armas y las tonterías fuera de nuestras escuelas. Sin Dios, nada es posible, con Él "todo es posible". *Mateo 19:26* — "Jesús, mirándolos, les dijo: 'para los hombres es imposible, pera para Dios todo es posible'".

¿Conoce a Dios? Si no lo conoce, ore y busque su guía para conocerlo. *Juan 3:16* — "Porque de tal manera amó Dios al mundo, que dio a Su Hijo unigénito, para que todo aquel que cree en Él, no se pierda, sino que tenga vida eterna". ¿Tiene una iglesia con la que fraternice? Si no pertenece ninguna iglesia, ore diariamente, pídale a Dios que sea su guía para poder encontrar una iglesia para adorarlo. Visite varias iglesias antes de decidirse por una. Asegúrese de revisar el pacto eclesiástico de cada iglesia, y considérelo antes de tomar su decisión final, para estar convencido de que está en total aceptación con el acuerdo vinculante de la iglesia.

Vaya con su hijo a la iglesia y al catecismo. **No lo deje ir solo, vayan juntos en familia a la iglesia.** La escuela dominical es un gran comienzo para emprender la caminata cristiana de su familia. Tenga la disposición para posibles pláticas familiares y responder a cualquier pregunta que pueda surgir. Recuerde mantener a Dios en primer lugar en todas las cosas, agradézcale diariamente por bendecirlo y mantenerlo a usted y a su familia en el camino correcto. Orar cambia las cosas. Ore de manera consistente. **Tesalonicenses 5:17** — *"Oren sin cesar"*. Hay tantas actividades en la iglesia para toda la familia tales como, los *Trabajadores Aprobados No Se Avergüenzan*[vi], excursiones educativas, clases educativas, becas de la iglesia, que están dirigidos a los niños; actividades para adultos y actividades individuales dirigidas específicamente a hombres, mujeres y solteros.

¿Ha escuchado hablar de las tres "T" del dar: tiempo, talento y tesoro? Sea un buen administrador y averigüe cómo administrar su tiempo, talento y tesoro en el cuerpo de Cristo. Incorporar las tres "T" en su vida, lo iluminará, fortalecerá y ayudará a mantener un fuerte vínculo familiar. **Hageo 1:7** — *"Así dice el Señor de los ejércitos: ¡Consideren bien sus caminos!"*

Reflexiones Personales – 1

1. ¿Conoce a Dios? ¿Tiene una relación personal con Dios?

2. ¿Pertenece a una iglesia?

3. ¿Está en un momento de su vida en el que necesita hacer un cambio? Explíquelo.

4. ¿Qué piensa acerca de este capítulo?

5. ¿Aprendió algo nuevo?

6. Comente con su familia su opinión y escriba sus conclusiones.

COMENTARIOS ADICIONALES

Capítulo 2

El verdadero significado del respeto

Capítulo 2 - Respeto se define como un sentimiento o acción positiva dirigida hacia alguien a quien se tiene en gran estima, un sentido de admiración por tener buenas cualidades. Respeto es también escuchar, cuidar y considerar los sentimientos de los demás. Para poder ser respetado, debe mostrar respeto primero respetándose a sí mismo. Aprenda a escuchar. Escuchar es un arte y un comportamiento aprendido. No sólo porque se tenga cierta edad, significa que lo sepa todo, incluso de adulto. Nunca piense que lo sabe todo, porque no es así. Este es un consejo que mis padres me recordaron a lo largo de mi vida adulta, hasta que fallecieron. Cada vez que me daban un consejo, los escuchaba con atención, incluso si lo que me decían era algo que yo ya sabía. Puede que se pregunte, "¿por qué?", simplemente, porque respetaba a mis padres y valoraba las palabras de sabiduría que me ofrecían.

El respeto comienza con "usted", y es cortesía común, ser cortés con los demás. El respeto se enseña a muy temprana edad. Es muy difícil cambiar a una persona años más tarde en la vida, pero se puede hacer. La práctica hace al maestro. Con el tiempo, la repetición constante de un comportamiento una y otra vez, se convierte en un hábito y una forma natural de vida.

Siempre diga, "por favor" y "gracias". Diga "por favor", cuando pida algo y dé las "gracias", cuando la petición sea concedida. Saludar a alguien cuando entra a una habitación y no esperar a que lo saluden, es una práctica común. Inténtelo, no le hará mal. Decir buenos días cada mañana a su familia y amigos, ya sea que esté usted de buen humor o no, decir **"por favor"** y **"gracias"**, y **"mantener la puerta abierta"** para cederle el paso a una persona que está detrás suyo, también son prácticas comunes. ¿Se da cuenta que, "abrir la puerta" para alguien más es un simple gesto de bondad? No tiene nada que ver con el color de la piel. No se ofenda si la persona para quien sostiene la puerta, no se lo agradece. Es cortesía común. Muchas personas no son corteses y dejan cerrar la puerta sin importarles que hay una persona detrás suyo, tan solo por su raza, "no lo permita". Es una locura pensar así, es simple y sencillamente una estupidez. El color de la piel no debe importar cuando se trata de hacer lo correcto. De hecho, habrá quienes no tengan la misma cortesía con usted. Cuando esto sucede, adivine qué... **ellos también están actuando ESTÚPIDAMENTE.** No se rebaje a su nivel, no se deje arrastrar por la estupidez de los demás, no haga lo que los demás hacen, piense por sí mismo y haga lo correcto. Hay una frase que solía ser popular tiempo atrás que dice, "¿qué haría Jesús?". Piense en esta frase cuando no esté seguro de qué hacer en cualquier situación. ***No sea un seguidor. Piense por sí mismo.*** ¿Recuerda la regla de oro? **"Trata a los demás como quieres ser tratado"**. Aprendí esta regla de oro en el jardín de niños y a menudo la recuerdo de adulto.

Otra forma de mostrar respeto en el transporte público, en una sala de espera o cualquier situación que se presente es, cuando hay un anciano o anciana de pie, o una mujer embarazada, ofrézcale su asiento. Puede que se nieguen, pero ofrecérselos es lo correcto. Por otra parte, hombres ofrezcan su asiento a una mujer si está de pie. Esto es el verdadero respeto. Honre a sus mayores, será un anciano algún día y ser respetuoso desde ahora, asegura que esta cualidad positiva sea transmitida. **Romanos 12:10 —** *"Sean afectuosos unos con otros con amor fraternal; con honra, dándose preferencia unos a otros".*

Nunca interrumpa a una persona cuando esté hablando, siempre permítale que termine lo que está diciendo. Esto demuestra su respeto e interés en lo que le dicen. Si quiere hablar, siempre diga, **'disculpa'** antes de hablar. Nunca permita que su hijo interrumpa a un adulto o a cualquier persona cuando esté hablando. Esto sucede con demasiada frecuencia hoy en día, porque se ha permitido que así sea. Cuando esto suceda, inmediatamente corrija ese tipo de comportamiento. Comience con detener a su hijo y pedirle que se disculpe con la persona ofendida. Dígale que siempre debe esperar a que la otra persona termine de hablar, antes de poder hablar él. Anteriormente, cuando los adultos tenían una conversación, a los niños no se les permitía estar cerca escuchándolos. Eran llevados rápidamente fuera de la habitación o se les pedía que salieran. Puedo recordar claramente a mi mamá decir, "ve afuera a jugar o ponte a leer un libro, no puedes estar aquí". También, los padres deberían enseñar a sus hijos, a siempre llamar a la puerta cuando está cerrada y esperar a que se les indique que pueden entrar. No puede enseñar a su hijo respeto, si usted no se respeta a sí mismo y a los demás.

Aprenda a disculparse y enseñe a su hijo cómo hacerlo, cuando hayan agraviado a alguien. Una disculpa es una forma de mostrar respeto. Una vez que se disculpa, se libra de la culpa, preocupación y carga, y puede seguir adelante; se sentirá liberado. Recibir una disculpa tiene el mismo efecto, no más preocupaciones. Decir "lo siento", no es una disculpa adecuada y raya en la falta de respeto. Para disculparse, haga contacto visual con la persona con quien se está disculpando y diga, "lo siento", desde el corazón. Lo mismo ocurre cuando alguien se disculpa con usted, siempre haga contacto visual.

Otra forma de respeto que los niños han perdido, es responder a los adultos diciendo: "sí, señora; no, señora; y "sí, señor; no, señor". En el sur, muchos niños aún se dirigen a los adultos y a los ancianos con un "sí, señora" y "sí, señor", sin embargo, un simple "sí" y "no" como respuesta es lo más utilizado hoy en día.

Gracias a Dios, todavía se les dirige a los maestros apropiadamente en las escuelas. Aún se les dirige con un *señora, señorita* o *señor*, seguidos de su primer nombre o apellido. Comúnmente, los maestros escriben su nombre en el pizarrón de la escuela en el primer día de clases para presentarse. No permita que sus hijos le respondan a usted o a cualquier adulto diciendo, "¿qué?" o "¿eh?", esto es una falta de respeto y totalmente inaceptable. Aunque suena como si fuera un idioma de otra época, me encanta cuando escucho cómo se solía saludar la gente antes, esa forma de respetarse de la *vieja escuela*. Nunca hay demasiado respeto. Palabras para recordar: "por favor", "gracias", "buenos días", "buenas noches", "sí", "no" y "disculpe".

Reflexiones personales - 2

1. ¿Se respeta a sí mismo y a los demás?
   ¿Demuestra respeto a sus mayores (es decir, la generación de mayor edad)?

2. ¿Cómo puede usted hacer una diferencia, cuando se le falta al respeto a la gente?

3. ¿Qué piensa acerca de este capítulo?

4. ¿Aprendió algo nuevo?

5. Comente con su familia su opinión y escriba sus conclusiones.

COMENTARIOS ADICIONALES

Capítulo 3

Ama a tu prójimo como a ti mismo

Capítulo 3 - Alguna vez se ha preguntado, "¿qué le ha sucedido a nuestra comunidad del vecindario?", o "¿qué le pasó al espíritu vecinal? Para tener un buen vecino, se debe ser un buen vecino. Generalmente, bastan solo cinco minutos para tener una conversación con su vecino, presentarse y conocerlo. Un vecino es el mejor par de ojos vigilantes que se puede tener cuando usted no está en casa. Deles la bienvenida a los nuevos vecinos de su comunidad para que estos se sientan parte del vecindario. **Levítico 19:18** — *"No te vengarás, ni guardarás rencor a los hijos de tu pueblo, sino que amarás a tu prójimo como a ti mismo. Yo soy el Señor"*.

Únase a su vecindario o a la asociación de propietarios e involúcrese. Asista a los eventos que se realizan en el vecindario, conozca a sus vecinos por su nombre. Ámense y ayúdense unos a otros.

Reflexiones personales - 3

1. ¿Conoce a sus vecinos?

2. ¿Ha tenido alguna verdadera conversación con sus vecinos?

3. ¿Qué piensa acerca de este capítulo?

4. ¿Aprendió algo nuevo?

5. Comente con su familia su opinión y escriba sus conclusiones.

COMENTARIOS ADICIONALES

Capítulo 4

Orientación parental

Capítulo 4 - El tema de orientación parental es un tema delicado para mí. Amo los niños y me duele mucho cuando veo que los padres jóvenes o mayores, no ejercen esa orientación en sus hijos o cuando un niño está totalmente fuera de control. Padres, recuerden que "ellos no pidieron nacer" y que no criar a los niños adecuadamente o ignorar los pequeños problemas que tienen con su hijo, no es la respuesta. Ignorar un problema pequeño, con el tiempo puede generar un problema mayor. Mantenga el control. Busque ayuda cuando no esté seguro de qué hacer. Contacte a su médico, su centro comunitario local o a un consejero escolar para obtener información y orientación. Dios le dio el regalo más grande y lo bendijo con ser padre. Ármese de valor y haga su trabajo. Los niños quieren ser criados; aman ser guiados, porque así aprenden. Muchos padres primerizos y los ya experimentados parecen estar *desaparecidos*, permitiendo que sus hijos se críen parcialmente a sí mismos, mientras que otros permiten que sus hijos tengan el control total. Es triste decirlo, pero mucha gente bendecida con hijos, no los están criando, mientras que aquellos que no tienen la fortuna de ser padres, les encantaría tener esa oportunidad. Recuerde que las cosas materiales no equivalen a una muestra de amor. Este es uno de los errores más graves que cometen los padres hoy en día. El amor no se puede comprar. Proporcionar cosas materiales no debe sustituir el amor, la crianza adecuada de su hijo, ni la comunicación constante con ellos. Usted está en control. Enseñar y comunicar, enseñar y comunicar, enseñar y comunicar esa es la regla del juego.

Hay quienes dicen que la tendencia a que haya poca o ninguna orientación parental, comenzó cuando las madres dejaron el hogar para unirse a la fuerza laboral, pero esta no es la única razón por la que hace falta orientación parental. A muchas madres que trabajan se les debería dar crédito por estar al pendiente de todo mientras crían una familia, y la gran mayoría de las madres hoy en día, son solteras. Otros dicen que uno de los motivos por los que hay una falta de orientación parental, es debido al efecto de los "niños de la llave". Son aquellos niños que disponen de una llave para entrar y salir a casa como deseen, llegan solos después de la escuela y pasan gran parte del día sin la supervisión de un adulto; en su mayoría, se están criando a sí mismos. A menos que, mamá y/o papá tengan un sistema de control muy estructurado o unas normas bien establecidas para sus hijos mientras están ausentes, hará falta una orientación parental. Existen tantos motivos para el enorme déficit en la crianza de los hijos, comenzando por la televisión, que a menudo se utiliza como niñera, demasiada televisión, demasiado tiempo para videojuegos y uso de teléfonos celulares sin supervisión y sin orientación parental, y no dedicar suficiente tiempo para jugar al aire libre o actividades estructuradas. Siempre destine tiempo para realizar las tareas escolares. Una tarea escolar sin supervisión y sin orientación parental puede resultar en bajas calificaciones y baja autoestima. Siempre revise la tarea escolar de su hijo, ya sea que requieran ayuda o no. Establezca una rutina, cree una lista de control u horario y asegúrese de que todos los elementos en la lista se realicen cada día, para poder pasar tiempo con su familia. Permita que su hijo tenga esa lista, que le ayudará a motivarlo y a mantenerlo comprometido con la estructura planeada.

Inscriba a su hijo en tantas actividades como le sea posible y asequible (atletismo, natación, baloncesto, gimnasia, fútbol, escuadrón de porristas, ballet, y muchas más). No permita que se aburra. Mantenga la mente de su hijo ocupada y desafíelo constantemente. Consulte su centro comunitario local o el club de niños y niñas para obtener un programa de actividades. Involúcrese en todas las actividades como voluntario. Manténgase informado y esté al tanto de lo que sucede. En los días lluviosos o durante las inclemencias del clima, limite el tiempo para ver la televisión. Tenga a la mano libros de actividades, manualidades y juegos, tanto educativos como divertidos para pasar el tiempo. Las inclemencias del mal tiempo son el momento perfecto para la unión familiar. Sea creativo. **Efesios 6:4** — *"Y ustedes, padres, no provoquen ira a sus hijos, sino críenlos en la disciplina e instrucción del Señor"*.

A lo largo de los años, muchos de los hechos descritos aquí, han contribuido a que nuestros hijos estén fuera de control. Puede que se pregunte, "¿por qué no tengo control sobre mi hijo?". En el momento que usted permita que su hijo tome aquellas decisiones que deben ser tomadas por un adulto, se estará criando a sí mismo. Este puede ser el comienzo de los problemas en su hogar, aunque no siempre. Sea consistente con su disciplina, establezca un horario y apéguese a él. Ser padre es como ser profesor, debe tener un plan semanal. Compre un tablero y publique el horario semanal en el que incluya tareas, deberes, actividades y tiempo libre. Revise el horario con su hijo, para que haya un entendimiento de lo que hay que hacer. Los hijos buscan ser guiados, prosperan en el aprendizaje y se motivan al tener objetivos. Tenga constante comunicación con el maestro o entrenador de su hijo semanalmente o de forma consistente. Visite su escuela a menudo, forme parte de la Asociación de Padres y Maestros o de la Organización de Padres, Maestros y Estudiantes, asista a las reuniones escolares, haga presencia en la escuela de su hijo. Conviértase en un elemento permanente en la escuela y actividades escolares de su hijo. Recuerde, usted es el "padre", el responsable de la crianza y el bienestar de su hijo. Conozca a los padres de las amistades de su hijo. Pueden ayudarse mutuamente con el uso compartido del coche, con la orientación parental, el cuidado de los niños y con apoyarse en momentos de necesidad. Su hijo no es responsable de sí mismo. Usted tiene la última palabra hasta que cumpla 18 años de edad, y en algunos casos después de eso (por ejemplo, hasta que esté en la universidad). Si usted no le da importancia a esto, tampoco lo harán los maestros, ni los entrenadores. Abrace a su hijo todos los días y dígale que lo ama. **Preste más atención, sea un mejor oyente.** Permita que su hijo sepa que cometerá errores, pero que el secreto está en aprender de sus errores y no repetirlos. Independientemente de sus errores, reafírmele a su hijo que siempre lo amará. Enséñele que sus acciones tienen consecuencias y que siempre piense antes de actuar o responder. Criar a un niño responsable resultará en ser un adulto responsable. Enseñarle esto a un niño desde temprana edad, es mostrarle el camino de la responsabilidad y la fiabilidad en la escuela, en el trabajo y la vida cotidiana. *Efesios 6:1* — *"Hijos, obedezcan a sus padres en el Señor, porque esto es justo".* *Colosenses 3:20* — *"Hijos, sean obedientes a sus padres en todo, porque esto es agradable al Señor".*

Los métodos disciplinarios para los niños varían desde establecer un tiempo límite, a las nalgadas, a retener sus artículos favoritos o a hablar con ellos. Descubra qué es lo mejor para usted. La disciplina es necesaria para mantener una orientación parental. Enseñe a su hijo cómo comunicarse y compartir sus sentimientos. Para algunos niños es difícil expresarse y sienten que no pueden comunicarse con nadie, incluyendo sus propios padres. Si este es el caso, busque a un adulto responsable o consejero para hablar, con quien usted y su hijo se sientan cómodos y en quien puedan confiar. Elija a una persona de su confianza a quien pueda acudir para cualquier situación, alguien que no lo juzgue o cuestione sin importar de qué se trate. Siempre haga contacto visual, esto significa mirar directamente a los ojos de la persona con quien está hablando o quien le está hablando. El contacto visual es vital para la comunicación.

Proverbios 22:6 — *"Instruye al niño en el camino que debe andar, y aun cuando sea viejo no se apartará de él".*

Reflexiones personales - 4

1. ¿Qué significa para usted la orientación parental?

2. ¿Sabe a dónde pedir ayuda?

3. ¿Es usted bueno escuchando?

4. ¿Se comunica diariamente con sus hijos y su familia?

5. ¿Pasa tiempo de calidad diariamente con sus hijos? Si es así, ¿cuánto tiempo les dedica?

6. ¿Qué piensa acerca de este capítulo?

7. ¿Aprendió algo nuevo?

8. Comente con su familia su opinión y escriba sus conclusiones.

COMENTARIOS ADICIONALES

Capítulo 5

Habilidades básicas para la vida – Su vida diaria

Capítulo 5 - Algunas cosas en la vida se enseñan a temprana edad, pero nunca es tarde para aprender y adquirir algunas habilidades básicas para sobrevivir. La mayoría de las cosas en la vida no son obligatorias, pero hay algunas que se requieren para tener una existencia normal en la vida cotidiana, como lavarse la cara, cepillarse los dientes, usar hilo dental, el respeto por uno mismo y por los demás. Cuando se levante cada mañana, tienda la cama todos los días, desayune bien, vístase y llegue a tiempo a sus actividades programadas (es decir, al trabajo, la escuela o citas). Piense, cómo sería su vida si nunca se lavara la cara o se cepillara los dientes. La respuesta es "¡agh!", no lo haga. Esa no es forma de vivir. ¡Cuídese a sí mismo!

Algunas de las cosas básicas de la vida, que le deberían haber enseñado cuando era niño y que lo ayudan a comenzar su día positivamente son, cuidar de su cuerpo, desayunar bien, hacer ejercicio, asear su cuerpo, meditar a diario y decir, "buenos días". ¿Alguna vez ha notado que su día parece apagado o se siente distraído cuando no realiza su ritual matutino, toma unos minutos para sí mismo y/o desayuna? El desayuno es uno de los elementos esenciales y necesarios para que su cuerpo arranque con el combustible adecuado para iniciar el día. Por eso, los profesores siempre dicen a sus alumnos que desayunen bien cuando deben presentar algún examen importante, especialmente los exámenes estandarizados, para tener una mente clara. Empezar el día de forma tranquila también es esencial para algunos.

Establecer una buena rutina diaria es una forma efectiva de empezar cada día. No se logra nada quedándose en la cama todo el día y no cuidando de su cuerpo. Su cuerpo es su templo, cuide de él, para que pueda cuidar también de su familia.

Sea un ejemplo para sus hijos, familia y amigos. Los niños imitan lo que ven y dicen lo que escuchan. En otras palabras, si su hijo ve que usted no cuida su cuerpo, no cuidará del suyo. De la misma manera, si su hijo le escucha decir groserías todo el tiempo, él también lo hará. Siempre sea un ejemplo positivo o un modelo ejemplar y "permita que su luz brille".

Cómo tender la cama. Para tender la cama, necesita un juego de sábanas adecuadas para el tamaño de su cama, almohadas y algo para cubrirla (una cobija, un cobertor, un edredón o colcha). ***Tienda la cama todos los días.*** Empiece por poner el tamaño de sábanas adecuado (es decir, tamaño individual, *queen* o *king*) para su cama. Luego, ponga la sábana encimera en la cama, luego meta el pie de la cama primero, a continuación meta las esquinas y los costados. Añada un edredón o una colcha para vestir la cama y hacerla ver lujosa. Se pueden añadir fundas decorativas y cojines para el toque final. Recuerde cambiar las sábanas por lo menos una vez a la semana o máximo cada dos semanas.

Acomodo básico de la mesa. ¿Sabe poner la mesa? ¿Sabía que cada utensilio, plato y vaso juegan un papel particular en el acomodo de la mesa? Una mesa bien puesta es un hermoso comienzo para una comida, cena o evento familiar formal o informal. Estas son unas cuantas cosas para recordar y tener un acomodo básico de la mesa: 1) los platos deben colocarse aproximadamente a una pulgada del borde de la mesa, 2) el tenedor debe estar en el lado izquierdo del plato, 3) el cuchillo se coloca en el lado derecho del plato, con la hoja hacia adentro, 4) la cuchara se coloca a la derecha del cuchillo y, 5) la servilleta siempre se coloca a la izquierda del tenedor. La servilleta debe ser colocada en su regazo antes de empezar a comer.

Todos estos utensilios deben alinearse con el plato de la cena y estar aproximadamente a una pulgada del borde de la mesa. Las cucharas y tenedores adicionales que se utilizan para un ámbito formal, se colocan junto a los tenedores y cucharas que ya están puestos. Los vasos se colocan arriba del plato en el lado derecho y sobre la punta del cuchillo y la cuchara. Disfrute de las fotos de la mesa de Regina luciendo un acomodo básico informal, que se muestra a continuación.

Acomodo básico de la mesa de Regina -1 (sin mantel individual).

Acomodo básico de la mesa de Regina -2 (con mantel individual).

¿Sabe cuándo empezar a comer en un evento informal o formal? No comience hasta que el anfitrión lo haga o la comida haya sido bendecida. ¿Sabe con qué tenedor empezar a comer? Si hay dos tenedores, siempre empiece con el tenedor exterior. ¿Sabe para qué se usa cada utensilio en un lugar informal o formal? Vea el acomodo de la mesa de Regina en la sección *Acomodo básico de la mesa*.

Confirmar asistencia (R.S.V.P.)[vii] – Una cortesía común que a menudo se pasa por alto y se malinterpreta es la de R.S.V.P., que viene del francés y se traduce literalmente como "Responda si así lo desea". Muchos confunden R.S.V.P. con responder en caso de asistir al evento, esto no es así. A fin de ayudar al anfitrión u organizador en la planificación, se debe confirmar si se asiste o no al evento de manera oportuna según la invitación. Una respuesta afirmativa (es decir, sí), significa que planea asistir al evento. No responda "sí" si no planea asistir. En la mayoría de los casos, una respuesta rápida es vital para la planificación de un evento cuando se invita a un gran número de personas y éste suele ser muy costoso. Se pierde dinero cuando usted responde que sí asistirá y no asiste. Sea solidario con los deseos de los demás. Si no planea asistir, por favor responda rápidamente diciendo "lamento no poder asistir". **¡NUNCA SE CUELE A UN EVENTO!** Colarse a un evento no deja buena impresión y es de mal gusto.

Bendecir los alimentos antes de cada comida – Desde temprana edad, en muchas religiones y culturas, se nos enseña a hacer una pausa antes de cada comida, para dar gracias a Dios "bendiciendo los alimentos", que es una forma de expresar nuestra gratitud. En algunas culturas dan las gracias citando pasajes de la Biblia, mientras que en otras expresan gratitud con sus propias palabras. A continuación, se muestran algunos ejemplos para dar las gracias desde muy pequeños:

Un ejemplo de gracias que me enseñaron a mí y a mis hijos:

'Dios es grande y Dios es bueno, y le damos las gracias por nuestra comida, por su divina mano recibiremos estos alimentos, danos nuestro pan de cada día. Amén'.

Otro ejemplo de gracias:

Señor, por favor bendice la comida que vamos a recibir para alimentar nuestros cuerpos y bendice las manos que han preparado esta comida. Amén'.

Ore con sus hijos cada noche

Decir una oración de buenas noches con sus hijos cada noche, es una forma maravillosa de desarrollar un hábito para orar con sus hijos. También, es una buena manera de encontrar la paz; puede ayudarle a usted y a su hijo a estar tranquilos antes de irse a dormir.

Tal vez recuerde la siguiente oración:

'Ahora me acuesto, le pido al Señor que cuide de mi alma. Que Dios me proteja durante la noche y me despierte con la luz matutina. Amén'.

La oración del Señor:

Padre nuestro que estás en el cielo, santificado sea Tu nombre. Venga a nosotros tu reino. Así en la tierra como en el cielo. Danos hoy nuestro pan de cada día, perdona nuestras ofensas como también nosotros perdonamos a aquellos que nos ofenden, no nos dejes caer en tentación y líbranos de todo mal. Tuyo es el reino, tuyo el poder y la gloria, por siempre, Señor. Amén.

Dígale a su hijo que lo ama, abrácelo y bésaelo cada día y cada noche. Las muestras de cariño durante el día también son buenas.

Limpie su cuarto – Si tiene la suerte de tener su propia habitación o incluso si comparte una habitación, puede mostrar su gratitud manteniendo el cuarto limpio, tendiendo su cama diariamente y colgando su ropa. Esto puede parecer mucho, pero al hacer estas cosas simples diariamente, necesitará menos esfuerzo para mantener su habitación limpia y ordenada.

Lave los trastes – Otra buena práctica es la de lavar los trastes después de cada comida. Primero, enseñe a su hijo cómo lavar correctamente los platos, cuánto jabón usar y la temperatura adecuada del agua que debe usar. De ser posible, haga que sea un hábito y una regla de la casa, lavar los platos después de cada comida, y como mínimo antes de irse a la cama. Hoy en día, en muchos hogares, ya no es necesario lavar los platos a mano, pues es una tarea que ha sido reemplazada por los lavavajillas. Si este es el caso, enseñe a su hijo cómo cargar el lavavajillas. Nunca deje o permita que los trastes se queden toda la noche en el fregadero. Lavar los platos a mano o cargar el lavavajillas, puede añadirse a la lista de tareas diarias e incorporarse fácilmente a su horario. Mantener los platos de la casa limpios es una tarea de todos los días Recuerde, se requiere menos esfuerzo para mantener los platos limpios si se lavan después de cada comida y no permitir que se amontonen. **Filipenses 4:13** - *"Todo lo puedo en Cristo que me fortalece".*

Reflexiones personales - 5

1. ¿Está preparado con las habilidades básicas de la vida?

2. ¿Dónde aprendió sus habilidades básicas?

3. ¿Qué piensa usted de este capítulo?

4. ¿Aprendió algo nuevo?

5. Comente su opinión con su familia y escriba sus conclusiones.

COMENTARIOS ADICIONALES

Capítulo 6

Uso correcto y adecuado del idioma inglés y su gramática.

Capítulo 6 - Siempre utilice adecuadamente el idioma inglés cuando hable con cualquier persona, especialmente con sus hijos. Evite el uso de lenguaje callejero o palabras profanas cerca de sus hijos durante sus años de formación. Lea todos los días a sus hijos, aliéntelos a leer un libro con frecuencia y elaboren una lista de libros por leer para el verano con el apoyo de sus maestros. Utilizar la gramática correctamente y hablar bien, lo conduce al camino del éxito. Anime a sus hijos a leer de forma consistente, esto motivará a sus hijos a leer y a aprender más.

Tener un buen uso de la gramática es como tener un buen régimen de higiene y debería ser parte de su vida diaria. Practique el uso de la buena gramática. La buena gramática le permite hablar y escribir de forma adecuada, estructurar bien las oraciones y usar debidamente el idioma inglés. De ser necesario, suscríbase en cursos de inglés en las escuelas locales, centros comunitarios o tome lecciones en línea. Hablar bien y saber utilizar la gramática correctamente es una ventaja en una entrevista de trabajo y para destacarse en la vida.

¿Está familiarizado con el concepto de **cambio de código**? El cambio de código es el arte de ir de un código a otro entre dos idiomas o dialectos. Las personas que son bilingües (es decir, los que hablan dos idiomas) a menudo hablan intercambiando de un idioma a otro, cambiando el código de la lengua materna o dialecto, a lenguaje callejero y de vuelta al primero, sin saltarse nada o sin darse cuenta de que están cambiando de código. Esta práctica ocurre más a menudo de forma oral, durante una conversación, que de forma escrita. También ocurre cuando sale con sus amigos o los visita. ¿Ha notado que algunas personas hablan de una forma en el trabajo y totalmente de otra, cuando están con la familia o amigos? La gente que no domina el idioma inglés, por lo regular utiliza lo que se conoce como "inglés rudimentario", alternando entre su lengua materna y el idioma inglés. Eso también es un cambio de código. La próxima vez que escuche a un bilingüe conversando, preste atención y trate de identificar si se presenta un cambio de código.

Reflexiones personales - 6

1. ¿Utiliza un tipo de argot cuando tiene conversaciones con su familia y amigos?

2. ¿Cuándo fue la última vez que leyó un libro?
   ¿Cuál fue el nombre del libro y el autor?

3. ¿Qué tan a menudo lee libros?

4. ¿Qué piensa usted de este capítulo?

5. ¿Aprendió algo nuevo?

6. Comente sus ideas con su familia y escriba sus conclusiones.

COMENTARIOS ADICIONALES

Capítulo 7

Consejos para entrevistas de trabajo y cómo vestirse para el éxito

Capítulo 7 - Este capítulo cubre conceptos tales como lo que se debe de hacer y lo que no, para vestirse adecuadamente para tener éxito y consejos para entrevistas de trabajo. Muchos de los elementos que aparecen en la lista de lo que se debe y lo que no se debe hacer, son de tipo ordinario y un tanto obvias, pero si nunca se lo han dicho o nunca ha leído este tipo de información, entonces es algo que debe aprender. Si se practica la consistencia, necesitará poco o ningún esfuerzo extra para realizar o hacer que los elementos enumerados se conviertan parte común de su vida. Considere lo que debe y no debe hacer en su camino hacia el éxito:

Lo que no debe hacer
- No tiña su cabello con colores extravagantes (por ejemplo, violeta, rosa, azul, etc.) y se presente así a una entrevista de trabajo.
- **Hombres y mujeres: No utilicen trapos de tela o du-rags, gorros, pañoletas, rulos para el cabello o gorros de baño en público.** Es **vergonzoso**.
- No utilice chanclas en una entrevista.
- Las pantuflas son para utilizarse en casa, no para los centros comerciales o ir de compras. Si utiliza pantuflas en el exterior puede traer gérmenes de vuelta a su casa.
- No utilice ropa que contenga frases escritas o lenguaje callejero.
- No utilice ropa sucia o sin planchar.
- Hombres: No utilicen pantalones caídos. Siempre utilicen un cinturón. **En inglés, a este tipo de pantalones caídos se les conoce como *saggin'*, que si se lee al revés dice *Niggas*, una palabra ofensiva para referirse a la raza afroamericana.** La palabra *saggin'*, derivada del verbo *"sag"* ("caer, hundir"), cuando se escribe correctamente es *sagging*, pero justamente se eliminó la

letra "g", como si se hubiera "caído", tal como los pantalones. Saber esto, bastaría para que ya no se utilizaran este tipo de pantalones.

- Mujeres: no utilicen vestidos o faldas muy cortos. Recuerden la regla de la **punta de los dedos,** que se refiere a que el largo de su vestido o falda no debe ser más corto que la punta de los dedos cuando coloquen sus brazos y manos a los costados.
- No mastique chicle durante una entrevista de trabajo.
- No utilice *leggings* en una entrevista o fuera de casa a menos que traiga puesta una prenda que le cubra la parte inferior. Utilice siempre las tallas adecuadas.
- Hombres y mujeres: No utilicen fragancias predominantes o en exceso.
- No utilice joyería llamativa.
- No se presente sin haberse bañado, sin cortarse las uñas o traerlas limpias, sin haberse cepillado los dientes, sin haber planchado su ropa y/o lustrado sus zapatos. Siempre véase presentable.
- No vista pantalones de mezclilla a una entrevista (a menos que sea lo único que tiene) o al trabajo, a menos que se lo permitan.
- **Hombres y mujeres: POR FAVOR NO vistan pijama fuera de casa.** Las pijamas son para vestirse en casa y no para andar en el centro comercial o los supermercados. Esto **no se ve bien** y es de mal gusto.
- No utilice ropa de fiesta para una entrevista.
- Hombres: No utilicen gorra o sombrero en la mesa para comer. Siempre quítense la gorra o sombrero al entrar a un edificio.

- No envíe mensajes de texto o platique por teléfono celular mientras está en una entrevista.
- Mujeres: No utilicen un sostén de la talla incorrecta. Deben sentirse cómodas con el sostén; que su pecho se acomode bien y de forma adecuada conforme al tamaño de la copa y su espalda no debe desbordar los lados del sostén. Si no está segura cuál es su talla correcta de sostén, vaya a una tienda de sostenes para que la orienten y adquiera el indicado para usted.

Lo que debe hacer
- Utilice ropa que esté limpia, sin arrugas y sea cómoda.
- Utilice joyería sencilla para entrevistas.
- Tenga lista su ropa la noche anterior. Esté preparado.
- Siempre lustre o limpie sus zapatos.
- Llegue a tiempo para cualquier cita (una entrevista o cita médica, etc.).
- Lleve varias copias de su currículum actual en un folder para una entrevista.
- Hombres y mujeres: Utilicen un traje oscuro cuando sea apropiado o una chaqueta negra clásica, o pantalones negros o cafés. Si no tiene un traje o chaqueta, póngase su mejor ropa. Se puede adquirir muy buena ropa en tiendas de segunda mano o tiendas de descuento.
- Hombres y mujeres: Si tienen cabello largo (natural), recójanse el cabello con un moño o con una coleta para una entrevista o reunión de trabajo. Siempre mantenga su cabello natural.

- Hombres y mujeres: Si pertenecen a algún equipo deportivo, el día que jueguen siempre luzcan lo mejor posible. Nunca utilice ropa para hacer ejercicio para otro tipo de actividades.
- Recuerde siempre apagar su teléfono celular durante una entrevista.
- Siempre luzca espléndido. Salga con una apariencia deslumbrante.
- Hombres/chicos: Siempre abran y sostengan la puerta para las mujeres/chicas. En los restaurantes, jalen la silla para que una mujer/chica pueda sentarse y apóyela en empujar la silla hacia la mesa. Esto los convertirá en *caballeros*.

Consejos para una entrevista

- Investigue el puesto para el cuál será entrevistado y practique sus respuestas.
- Prepárese con una lista de preguntas acerca del puesto y la compañía.
- Vístase para impresionar y para el éxito. Siga los consejos de lo que se debe y no se debe hacer.
- Traiga de 3 a 5 copias de su currículum actual.
- Prepárese para brindar información sobre usted, su trabajo actual, sus fortalezas, sus debilidades y por qué cree usted que es adecuado para el puesto.
- Preséntese 15 minutos antes de la entrevista. Siempre llegue temprano.
- Ponga su teléfono celular en modo silencio antes de entrar a la entrevista.
- Siéntese derecho y mantenga buena postura.
- No mastique chicle.

- Tenga confianza en sí mismo y permanezca con calma.
- Esté preparado para brindar de 3 a 5 referencias si se las piden.
- Después de la entrevista, dé la mano firmemente a su entrevistador y agradézcale por la entrevista.
- Dele seguimiento al entrevistador 2 o 3 días después de la entrevista para demostrar su interés.

Reflexiones personales - 7

1. ¿Qué significa para usted vestirse para el éxito?

2. ¿Prepara su ropa la noche previa para ir a la escuela, iglesia o el trabajo? Explique, por favor.

3. ¿Está familiarizado con la lista de lo que se debe y no hacer? ¿Cuál es su opinión de cada lista?

4. ¿Qué piensa usted de este capítulo?

5. ¿Aprendió algo nuevo?

6. Comente sus ideas con su familia y escriba sus conclusiones.

COMENTARIOS ADICIONALES

Capítulo 8

Consejos para elaborar un currículum

Capítulo 8 - Dependiendo de su edad, puede que tenga o no un currículum. Si no tiene uno, es muy probable que no tenga experiencia laboral. Si este es el caso, desarrolle un currículum en cuanto pueda. Cuando solicite un trabajo, adjúntelo con una solicitud de trabajo, si es posible. Debe incluirse la siguiente información en un currículum; nombre, domicilio, número telefónico, un objetivo, escolaridad de preparatoria o universidad, fechas que asistió a la escuela, título obtenido de su carrera o especialidad en la preparatoria o universidad, actividades que realiza, clubes sociales a los que pertenece, y membresías con las que cuenta, distinciones, servicio comunitario, pasantías y promedio general.

En el caso de los trabajadores experimentados, el currículum debe incluir su nombre, domicilio, número de teléfono, un objetivo, escuela preparatoria o universidad, fechas de asistencia, certificaciones, prueba de antecedentes no penales, membresías, premios, promedio general, pasantías y experiencia laboral anterior y actual con fechas. Es muy importante evitar dejar espacios en blanco y si lo hace, saber responder ante eso. Para su conveniencia, existen muchos formatos de currículum en internet y muchos sitios que están disponibles para apoyarle a desarrollar un currículum. Para estudiantes de preparatoria y universidad, con poca o nula experiencia laboral, es una buena práctica que su currículum sea de una página. Para los más experimentados con un historial laboral mayor, no debe ser mayor a dos páginas. Un currículum bien escrito es preciso, directo con información en viñetas y sucinto. Evite dar información a manera de un ensayo largo. Manténgalo siempre actualizado. Para mayor información, busque en línea formatos de currículum.

Contenidos que debe tener un currículum:

- Nombre, domicilio, número telefónico y correo electrónico.
- Objetivo.
- Certificaciones.
- Distinciones.
- Experiencia laboral (en orden cronológico comenzando con el empleo más reciente. Si no tiene experiencia laboral, ingrese fechas de la preparatoria y universidad).
- Educación y promedio general.
- Habilidades.
- Comprobante de antecedentes no penales.
- Referencias (incluya la frase, "Referencias disponibles a petición del interesado" al final del currículum).

Ejemplo de currículum:

Ginny Inovan
122 Best Street - Omaha, Nebraska 11111
333-345-5678 - Ginnyl@gmail.com

Objetivo:

Poder aplicar los conocimientos conceptuales y las habilidades adquiridas a lo largo de mis años académicos en Informática.

Experiencia:

Octubre 2018 – Presente.   Ingeniero en sistemas, DEEP Solutions.

Responsable del diseño, desarrollo y aplicación de casos e informes de ensayo para una amplia variedad de productos y procesos. Las tareas incluyen la prueba y evaluación de nuevas herramientas, procesos, aplicaciones y software para el funcionamiento operativo.

Educación:

Carrera en Ciencias de Computación - Onunu State University, mayo 2018, promedio general 3.75.

Habilidades:

JIRA, SIGINT, herramientas que tratan con Metadatos, Remedios, CASPORT, Formación a nivel principiante en SM7, Programación Orientada a Objetos (C#, Visual Basic, SQL & COBOL), Análisis, Diseño e Implementación, Sistemas de Información Gerencial, Gestión de Proyectos, Tecnología de Información Aplicada, Negocios.

Referencias disponibles a petición del interesado.

Reflexiones personales - 8

1. ¿Actualmente cuenta con un currículum?
   De no ser así, ¿cuánto le tomaría actualizarlo o crear uno?

2. ¿Su currículum cumple con los consejos que se sugieren?

3. ¿Qué piensa usted de este capítulo?

4. ¿Aprendió algo nuevo?

5. Comente sus ideas con su familia y escriba sus conclusiones.

COMENTARIOS ADICIONALES

Capítulo 9

Escritura en cursiva

Capítulo 9 - La letra en cursiva es una forma de escritura que también se conoce como caligrafía a mano o manuscrita. Esta forma de escritura ya ha quedado obsoleta en muchas escuelas hoy en día. La escritura en cursiva o manuscrita es cuando las letras se unen para formar palabras. Sin esta forma de escritura, nuestros hijos nunca aprenderán cómo escribir su propia firma y algunos no podrán leer documentos históricos. ¿Sabía usted que muchos de nuestros documentos históricos, tales como: actas de nacimiento, certificados de defunción y matrimonio, diarios y viejos documentos del gobierno (es decir, la Declaración de derechos y la Constitución, etc.) están escritos en letra cursiva? Si la escritura cursiva ya no está en el plan de estudios de su escuela y está interesado en mantenerla o traerla de nuevo a las escuelas, haga una petición a su junta local de educación a través de la Asociación de Padres de Familia.

Algunos no saben la diferencia entre la escritura manuscrita y la escritura cursiva y muy a menudo confunden ambas. La escritura manuscrita es una palabra escrita a mano o impresa y la escritura cursiva es la letra que fluye libremente y que se une con otras letras para formar palabras.

Padres de familia, ustedes pueden enseñarle a su hijo a escribir en cursiva. Comiencen por adquirir una tabla de escritura con línea punteadas o tablas con líneas a doble espacio para que su hijo practique. También hay libros disponibles con muestras de escritura de letras cursivas de la A a la Z en mayúsculas y minúsculas, así como libros de práctica. Recuerde que la práctica hace al maestro. A continuación verá unas muestras de escritura cursiva de Regina.

Muestra 1. Alfabeto en cursiva en mayúsculas de las letras A-Z y en minúsculas de la a-z.

A B C D E F G H
I J K L M N O
P Q R S T U V W
X Y Z
a b c d e f g h i
j k l m n o p q r
s t u v w x y z
cat · dog · Regina · pop

Muestra 2. Frases en cursiva.

Apple of my eye.
See Jane go.
Bob and weave.
It's kite day.
Up up and away.
Stop at the light.
Gone with the wind.
Go for it.

Muestra 3. Firmas en cursiva.

John B. Doe
Sue E. Doe
J. B. Doe
S. E. Doe
John V. Hancock

Reflexiones personales - 9

1. ¿Sabe escribir en manuscrita o cursiva? De no ser así, ¿le gustaría aprender ahora?

2. ¿Qué tan a menudo utiliza la letra en cursiva? ¿Para qué se usa la letra en cursiva?

3. ¿Qué piensa usted de este capítulo?

4. ¿Aprendió algo nuevo?

5. Comente sus ideas con su familia y escriba sus conclusiones.

COMENTARIOS ADICIONALES

Capítulo 10

Conocimiento financiero

Capítulo 10 - Para comenzar su conocimiento financiero dele seguimiento a su propio dinero. Aprender a contar el dinero suele ser difícil para algunos niños. Entre más pronto los introduzca al tema o les enseñe el concepto de contar el dinero, será más fácil de entender. Adquiera un juego de dinero en alguna tienda local o en alguna juguetería. Identifique las diferentes denominaciones de monedas y billetes, y comience a contar el dinero con su hijo de forma consistente. Verá que cuando un niño aprende a contar dinero, aprenderá rápidamente a contar y llevar un registro de su propio dinero.

La mejor manera en la que un niño empieza a aprender sobre finanzas, es proporcionándole un estipendio y permitiéndole llevar un registro de su propio dinero. Esta es una gran manera de ayudarle a entrar en la práctica del ahorro, reservando una parte de lo que le otorga. Otro método para enseñar a un hijo a ahorrar su dinero es llevarlo al banco para abrir una cuenta de ahorros. De ser posible, permita que su hijo ayude o complete la solicitud. Anime a su hijo a que deposite el dinero en la cuenta a menudo. Este es el inicio para que aprenda lo básico en finanzas.

Muchas fraternidades y sororidades ofrecen talleres sobre conocimientos financieros para niños de 8 a 18 años como parte de sus proyectos de servicio. También puede inscribir a su hijo en una clase en el Centro Comunitario local. Muchas de las sesiones se adecuan a la edad y nivel escolar. Hay también muchos cursos en línea en la internet apropiados para distintas edades. Un curso financiero puede ser beneficioso de muchas maneras. Muchos ofrecen sesiones sobre "¿Cómo administrar el dinero?", "¿Quién quiere ser millonario?", "¿Qué es una cuenta bancaria de ahorro o de cheques y cómo funciona?", "¿Qué es el crédito?", "¿Qué es un puntaje de crédito?",

"¿Cómo funciona una tarjeta de crédito?", "¿Cómo llenar un cheque?" ¿Qué es un consejero financiero? Algunas sesiones ofrecen panoramas de la vida real para preparar mejor a los estudiantes. También hay juegos disponibles donde los niños pueden aprender acerca del conocimiento financiero. No demore en empezar con esta práctica.

Los afortunados que tienen empleo, que están casados, son solteros, padres solteros, que están en la universidad o que necesitan dar un seguimiento a sus finanzas, siempre deben elaborar un presupuesto para contabilizar y mantenerse al día de sus gastos y consumos. Los presupuestos también pueden ser una herramienta vital para los recién casados en la gestión de sus finanzas. Establezca un patrón para ahorrar. Tenga control de sus finanzas. Sea inteligente. Comience a ahorrar desde joven. Encuentre un planificador financiero con el que se sienta cómodo para administrar sus finanzas. Desarrolle un presupuesto y apéguese a él. Inscríbase a un Plan de Retiro 401K[viii] de su trabajo o abra una cuenta de ahorros en cuanto pueda. Cada vez que usted reciba un aumento, incremente el porcentaje retenido de su cheque. Hacer esto a largo plazo será un enorme beneficio financiero. Hay tantos beneficios adicionales al establecer un Plan de Retiro 401K anticipado, como por ejemplo podrá vivir cómodamente al jubilarse y podrá gastar en actividades especiales y más.

Ideas para reflexionar: 1) ¿Cuenta su cambio cuando hace una compra? Si no lo hace, empiece a contar su cambio y descubrirá que algunos comerciantes se guardan un centavo o dos cada vez que realiza una compra. "¿Por qué lo hacen?", se ha de preguntar, sencillamente por el hecho de que la mayoría de las personas no cuentan su cambio. Descubrí esto hace muchos años y me horrorizó que el mismo comerciante intentara estafarme varias veces. Esto le ocurrirá a usted también si no está alerta; **2)** Nunca, nunca, jamás en ningún momento, firme de aval para alguien que pida un préstamo. Si ellos no cumplen con el pago del préstamo, usted será el responsable de pagarlo y eso puede arruinar su crédito; **3)** cada vez que haga una compra, ya sea un caramelo o un par de calcetines, anótelo llevando un registro para evitar el exceso de gastos y para ayudarle a estar al día con sus gastos semanales/mensuales. Esta es una forma básica y simple de hacer presupuestos, y además funciona.

Reflexiones personales - 10

1. ¿Qué significa para usted tener conocimiento financiero?

2. ¿Ahorra usted actualmente de forma consistente?

3. ¿Qué piensa usted de este capítulo?

4. ¿Aprendió algo nuevo?

5. Comente sus ideas con su familia y escriba sus conclusiones.

COMENTARIOS ADICIONALES

Capítulo 11

Cómo emitir un cheque

Capítulo 11 - En la sociedad actual, emitir cheques se está volviendo obsoleto, pero saber cómo llenar un cheque, los diferentes campos que tiene un cheque y los pasos para llenarlo, serán beneficiosos en el futuro. En algún punto de su vida necesitará saber cómo llenar un cheque. Llenarlo es tan simple como contar del 1 al 3, pero para muchos no es tan fácil. Abajo podrá observar un cheque de muestra. Observe que cada cheque tiene un número impreso. Este número es importante en caso de que usted necesite referirse a dicho cheque. Comencemos, primero, ingrese la fecha en el campo donde indica "Fecha" en la esquina superior derecha, a continuación anote el nombre del beneficiario en el campo "Páguese a la orden de", luego ingrese una cantidad numérica en dólares junto al símbolo "$" y luego escriba la cantidad en dólares con letra. Por ejemplo, si llena un cheque por $2.00, ingrese $2.00 después del símbolo "$", luego escriba la cantidad, que en este caso es Dos y 00/100 para cero centavos (la palabra dólares ya aparece en el cheque). Por último, firme el cheque e ingrese el propósito del cheque en la sección de "Memo".

Por favor, esté consciente de que emitir un cheque fraudulento es un crimen y es castigable con multa o prisión. A continuación se presenta una imagen del cheque de muestra sin llenar.

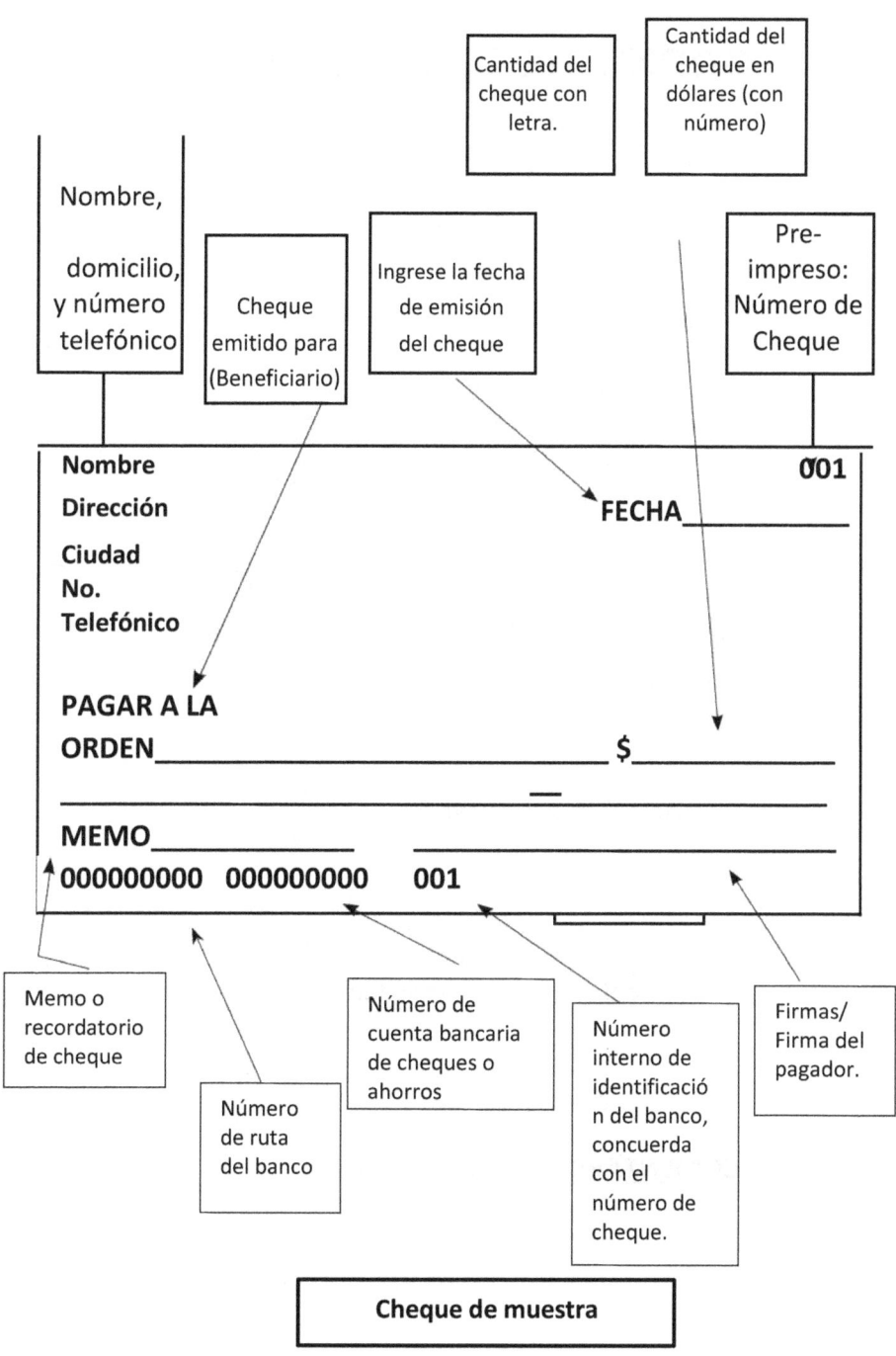

Reflexiones personales - 11

1. ¿Usted emite cheques?
   ¿Qué tan a menudo emite cheques?

2. ¿Usted prefiere emitir cheques o utilizar una tarjeta de débito? ¿Cuál es la ventaja o la desventaja de ambos?

3. ¿Qué piensa usted de este capítulo?

4. ¿Aprendió algo nuevo?

5. Comente sus ideas con su familia y escriba sus conclusiones.

COMENTARIOS ADICIONALES

Capítulo 12

Buena higiene

Capítulo 12 - Higiene se define como una condición o práctica que conduce a la preservación de la salud, como la limpieza. La **buena higiene** comienza con usted, debe ser parte de su rutina diaria y es la clave para preservar la salud. Empiece por refrescarse por la mañana, cepillarse los dientes, utilizar hilo dental, bañarse y ponerse ropa limpia antes de empezar el día. **Dejemos algo muy claro, *refrescarse*, significa lavar el cuerpo, ducharse o darse un baño diariamente.** Los atletas, tanto hombres como mujeres, deben ser más cuidadosos con sus cuerpos bañándose diariamente, dos veces si es necesario. No omitan ningún paso cuando cuiden de su cuerpo, denles mayor cuidado a todas las zonas. Hombres, sean más cuidadosos con sus cuerpos y de la zona de las axilas. Es importante encontrar un buen desodorante anti-transpirante. También, cuiden sus pies. Siempre mantengan sus pies secos para prevenir el pie de atleta, que es una infección de hongos en el pie que afecta a hombres, mujeres, niños y niñas. Mantenerse hidratado también es vital para mantener una buena salud al beber suficiente agua diariamente.

Mantener una buena higiene personal diariamente lo protege a usted y a otros; esto debe convertirse en una práctica común. Lavarse las manos siempre después de ir al baño, antes de comer y preparar la comida, así como después de que estornudar, todas estas son buenas prácticas de higiene que deben ser constantes en su vida. Siempre cubra su boca cuando estornude o tosa. Si es posible, estornude en la esquina interior del codo, luego lávese las manos.

Muchas enfermedades ocasionadas a partir de la comida son debido a que hubo una falta de higiene. Las bacterias pueden transmitirse durante la preparación o almacenamiento inadecuado de la comida si no se lava las manos. Mantener la comida a una temperatura adecuada es vital para prevenir enfermedades. Las intoxicaciones o infecciones gastrointestinales, son enfermedades causadas a partir de la comida y se relacionan directamente con comida contaminada como resultado de bacterias o parásitos que se pasaron a través de ella. Enséñele a su hijo buenos hábitos de higiene desde el principio, mostrándole cómo lavarse las manos, cuándo lavarse las manos, cómo mantener las uñas limpias y cortadas, cómo lavar y mantener el cuerpo limpio. Los niños nunca son muy pequeños para aprender. Enséñele a su hijo desde temprana edad. Su higiene corporal total tiene una conexión directa con la salud de todo su cuerpo. Encuentre y visite a un doctor de forma regular. Cuide su cuerpo que es su templo. Además de mantener una buena higiene, es esencial que descanse lo suficiente y se alimente adecuadamente. *1 Corintios 6:19 -* *"¿O no saben que su cuerpo es templo del Espíritu Santo que está en ustedes, el cual tienen de Dios, y que ustedes no se pertenecen a sí mismos".*

El ciclo menstrual en las mujeres es el ciclo recurrente de cambios fisiológicos en el útero, los ovarios y otras estructuras sexuales que se producen desde el comienzo de un período menstrual hasta el comienzo del siguiente. Las niñas por lo regular comienzan su ciclo menstrual entre los 8 y 14 años de edad. Las escuelas públicas suelen ofrecer clases de salud para niños y niñas. Puede encontrar información respecto a la menstruación en su clínica local, con su doctor y en internet.

Las jóvenes deben tener un cuidado extra durante su **ciclo menstrual** mensual para asegurarse de que su cuerpo se mantenga limpio y el olor corporal se mantenga bajo control. Se puede requerir cuidado adicional durante esta época del mes. Usar tampones o toallas íntimas de forma correcta es muy importante, así como también lo es **cambiarlos de forma**

oportuna, o en los momentos recomendados para prevenir complicaciones tales como, el síndrome del choque tóxico. También deben tener cuidado al deshacerse de los artículos utilizados. Envuelva el artículo utilizado en papel higiénico, toalla de papel, bolsas para desechos o cualquier objeto disponible y coloque el artículo utilizado en otra bolsa en un bote para la basura, de preferencia que esté en el exterior. Los artículos utilizados pueden tener olores desagradables, por lo tanto envuélvalos bien, incluso doble vez. Es muy importante deshacerse adecuadamente de estos artículos para evitar olores no deseados. Si no está segura de lo que debe hacer cuando comience su ciclo menstrual, hable con un adulto responsable, un médico o un consejero escolar para que le oriente. No olvide lavarse las manos cada vez que se cambie los tampones o las toallas íntimas y que manipule objetos sucios.

Control de natalidad es una de las muchas maneras que se utilizan para prevenir embarazos. Existen muchas formas de control de natalidad, como las píldoras anticonceptivas, las inyecciones, los parches, las vasectomías, los preservativos masculinos y femeninos, los implantes y dispositivos de control de la natalidad, es decir, los dispositivos intrauterinos (DIU), el diafragma, el anillo vaginal, etc. Los hombres, las mujeres y los adolescentes deben estar informados para protegerse contra los embarazos no deseados y las enfermedades de transmisión sexual (ETS). Practique el sexo seguro. El control de natalidad es un tema que es mejor discutir con un profesional como un consejero escolar, un profesor o especialista de la salud, una enfermera en la clínica local, su médico o proveedor de salud. Prevenga los embarazos no deseados. Sea inteligente y protéjase.

La higiene oral también debe practicarse y es lo más importante para mantener los dientes y las encías saludables. De ser posible, cepíllese los dientes, use hilo dental y enjuague bucal después de cada comida. Si no es posible, al menos cepíllese los dientes mínimo una vez diariamente. Aprenda a cepillarse y usar el hilo dental correctamente. La higiene oral es parte de su salud general y bienestar; unos dientes limpios se ven bien y nadie en este mundo quiere ver dientes sucios y percibir un mal aliento. Encuentre un dentista con quien se sienta cómodo, visítelo regularmente para mantener sus dientes y encías saludables y libres de enfermedades. Mantenga su cepillo de dientes limpio y reemplácelo a menudo. ¿Sabía que unos dientes sucios pueden provocar enfermedades en las encías? Todos sus dientes se pueden caer y una enfermedad en las encías podría matarlo.

La salud y cuidado de los pies es otra parte de su régimen de higiene completa. Mantenga sus pies limpios y secos siempre para prevenir enfermedades causadas por hongos, cuando sus pies llegan a estar húmedos y calientes. Corte sus uñas de los pies de forma regular. Durante el ejercicio y el deporte, utilice calcetines en todo momento para mantener los pies lo más secos posible. Siempre seque completamente sus pies y entre sus dedos después de bañarse. De ser posible, visite ocasionalmente una pedicura profesional para mantener la buena salud de sus pies. De no ser así, es suficiente con realizar una pedicura en el hogar.

Reflexiones personales - 12

1. ¿Qué piensa respecto a todas las facetas de buena higiene (corporal, oral y de los pies)?

2. ¿Qué haría si supiera que alguien que usted conoce no practica de forma consistente la buena higiene?
   ¿Considera que es buena idea acercarse a una persona que tiene problemas de higiene? ¿Cómo lidiaría con la situación?

3. ¿Qué piensa usted de este capítulo?

4. ¿Aprendió algo nuevo?

5. Comente sus ideas con su familia y escriba sus conclusiones.

COMENTARIOS ADICIONALES

Capítulo 13

Empleo

Capítulo 13 - Una de las principales fuentes de supervivencia es ganarse la vida trabajando, de preferencia con una compañía que proporcione buenas prestaciones como: beneficios médicos y dentales, tiempo libre remunerado mejor conocido como vacaciones, un plan de retiro y en algunos casos, acciones de la compañía. Ganarse la vida trabajando es un privilegio. El empleo se define como el estado de estar empleado, desempeñar un servicio o una ocupación por la cual una persona gana un ingreso, una actividad que ocupa el tiempo de una persona a cambio de un sueldo por hora (es decir, un empleado no exento), o un empleado asalariado (es decir, un empleado exento). La principal diferencia entre un empleado no exento y uno exento es que, al empleado no exento se le pagan horas extra por cada hora trabajada; el empleado exento está libre de pagos extras y por lo regular gana un sueldo o salario más alto.

Existen algunos aspectos del empleo que muchos no comprenden, como por ejemplo, el **manejo del tiempo** (llegar a tiempo y utilizar su tiempo de forma inteligente durante el día). No se fíe en otros (es decir, sus padres, su familia o un amigo) para que lo despierten en la mañana o para le recuerden sus citas. Sea responsable, consiga un reloj despertador o utilice la alarma de su teléfono, programe la hora y comience su propio patrón de manejo de tiempo. En la mayoría de los empleos, la hora de inicio se identifica como una forma de esquematizar la hora en que comienzan los trabajadores sus labores. Hoy en día, muchas compañías establecen un margen de 2 a 4 horas (es decir, de 6:00 a.m. - 10:00 a.m.), y la hora inicial de trabajo queda a discreción del patrón, mientras otras compañías son más liberales en ese aspecto y otorgan total libertad al empleado para determinar su hora inicial de trabajo o su hora de llegada durante dicho margen de 2 a 4 horas; a esto se le conoce como horario básico.

Sin importar la situación, establezca una hora de inicio y sea constante. La inconsistencia es una forma de ser irresponsable. La asistencia constante es también una forma de ser responsable y confiable. Si no trabaja, no hay paga. Otra buena práctica es planear su semana de trabajo o su día laboral elaborando un horario. Si usted trabaja en una oficina, probablemente tiene una computadora y un correo electrónico. Como parte de las aplicaciones del programa de su computadora, regularmente incluye un calendario. Haga uso del calendario planificando su día o semana. Enumere todas sus actividades y reuniones diarias o mensuales en el calendario. Esto es muy beneficioso para el manejo de su tiempo y no deja espacio para el ocio. Aprenda a mantenerse ocupado programando su tiempo. No holgazanee. ¡Póngase a trabajar! La pereza no es algo bueno.

Cometer fraude en la tarjeta de asistencia/horario es otra área que nos debe preocupar. La mayoría de los empleadores técnicos exigen a sus empleados completar su tarjeta de control de horario al final de cada día, mientras que los empleadores de servicio o de clase obrera exigen a sus empleados marcar en el reloj registrador, el comienzo y fin de su día de trabajo. Muchos trabajos técnicos permiten a sus empleados libertades limitadas. No abuse del privilegio de ir y venir como le plazca. Es poco ético abusar de las horas o tiempo de trabajo. El fraude con las tarjetas de asistencia/horario se produce por varios motivos, pero los más comunes se producen cuando: el empleado se ausenta del trabajo con frecuencia, el empleado llega constantemente tarde al trabajo, sale del trabajo temprano, toma largos almuerzos sin recuperar el tiempo perdido o toma múltiples descansos durante el día y miente sobre el número de horas trabajadas. A esto se le llama fraude. Esto es un asunto muy grave y puede resultar en la terminación de su contrato y en algunos casos, hasta multas o prisión.

Actualmente, en la fuerza laboral muchas compañías respaldan programas de apoyo en el que se trabaja en equipos integrados de producto[ix] con apoyo de varios proyectos. Es de gran importancia que tenga la capacidad de trabajar en un ambiente de equipo y llevarse bien con todos los miembros del equipo.

Consejos de solicitud de trabajo - Antes de que comience su solicitud, lea las instrucciones muy bien, luego regrese al inicio y complete su solicitud. Asegúrese de tener toda la información necesaria para completar la solicitud y una copia actualizada de su currículum. Algunas solicitudes pueden completarse en línea, mientras que otras se completan de forma manual, utilizando un bolígrafo. Para las solicitudes que se completan de forma manual, realice una solicitud de prueba antes de que envíe la final. La solicitud de prueba es una forma de asegurarse de que toda la información sea exacta y esté completa antes de entregarla; esto debería ser una simple transferencia de información. Sea tan claro como sea posible, sin borrones, complete todos los campos de forma exacta con la información correcta. Incluya su historial de trabajo en orden cronológico, mencionando primero el trabajo más actual. También, incluya descripciones de trabajos para su empleo actual o pasados; la información con viñetas funciona mejor, así como mencionar de 3 a 5 referencias. Las referencias deben incluir una o dos que estén relacionadas con el trabajo y una o dos de tipo personal, con su nombre, domicilio, números de teléfono y el tiempo que ha conocido a esas personas.

Cuando le sea posible, complete las solicitudes en línea. Para solicitudes en línea, siga los mismos consejos (en otras palabras, lea las instrucciones y complete todos los campos) que se describen para las solicitudes manuales. Antes de enviar su solicitud en línea, o cualquier trabajo realizado en línea, revise siempre la ortografía utilizando el corrector ortográfico para asegurarse de que todas las palabras estén escritas correctamente y verifique que todos los campos estén completos.

Servicio de atención al cliente - Una de las cosas que no tolero, es apoyar un negocio al utilizar mi dinero comprando ahí y que algún empleado me falte al respeto mostrando una actitud no digna de un negocio. Cuando tenga un puesto que requiera que trabaje otorgando un servicio al público (trabajos de servicio o de clase obrera, trabajos no técnicos), siempre dé su mejor cara, muestre una sonrisa, diga "buenos días" y agradezca al cliente por elegir su negocio. **Mantenga buena actitud en el hogar.** Si no quiere un trabajo de servicio trabajando con el público, no tome el trabajo y no muestre su desdicha y MALA ACTITUD. Algunos clientes son difíciles, pero es su trabajo mantener el control y cuidar su actitud. Recuerde que "el cliente siempre tiene la razón", **aunque no siempre**, pero esa es la actitud que debe mostrar siempre en el trabajo, incluso cuando no sea fácil hacerlo. Sea responsable en el trabajo, no desperdicie el tiempo en chismes, jugando o bromeando. Cada trabajo es importante. Recuerde que el "ser profesional es hacer lo que un profesional hace".

Si los trabajos de servicio al cliente no son lo suyo, estudie para que obtenga un empleo más técnico. **NO VAYA** al trabajo mostrando una actitud de poco respeto hacia el negocio, el cliente y usted mismo. Usted es mejor que eso. Recuerde que su desempeño será revisado anualmente y una mala actitud y falta de respeto a los clientes, lo acreditará con una evaluación poco favorable y probablemente no obtendrá un aumento.

Propinas - Dar propinas es muy común y se hace cuando come en algún restaurante o acude a lugares que proporcionan un servicio. Una propina es por lo regular la forma en la que los meseros, meseras y trabajos de servicios obtienen su mayor ingreso, pues sus salarios base son muy bajos y las propinas complementan el resto de su salario. Muchos clientes dejan propinas con base al servicio y la actitud que brindan. Algunos meseros y meseras deben juntar una parte de sus propinas para compartirla con el resto del personal de apoyo. Las propinas van desde 15% a 25%, con un 20% como promedio. Otros trabajos de apoyo o de servicio, en los que las propinas mejoran los salarios están en el rango de $1 a $10 dólares, como asistentes de salón de uñas, peluqueros, servicio de estacionamiento, ayudantes de aeropuerto y de guardarropa, servicio de habitación de hotel y entrega de pizza. Sea responsable, no omita la propina.

Sentido de negocios - Tener sentido de negocios es como un empresario, cliente, empleado, patrón o inversionista lleva a cabo sus negocios. Siempre se arregla con el cliente para documentar los requisitos o especificaciones y las expectativas acordadas para los servicios que se van a prestar. La respuesta negativa, la mala gestión del tiempo y las malas actitudes juegan un papel importante y pueden hacer o deshacer un negocio. El viejo dicho de "tu palabra vale", significa todo en los negocios. Ya sea que tenga un negocio propio o trabaje para alguien más, si programa una hora de llegada y no se presenta, llega tarde constantemente o acepta hacer un trabajo u otorgar un servicio, y no lo realiza como se espera, esto **marcará la pauta para una mala relación de negocios.** Suceden imprevistos y a veces puede que llegue tarde, pero tome el teléfono e infórmele a la otra persona de la situación. No envié mensajes de texto y tómese el tiempo de llamar a esa persona.

Empresarios, si programan una cita o una hora de llegada y llegan constantemente tarde por más de 15 minutos, esto es totalmente inaceptable y deja muy mal sabor de boca al cliente. Esto raya en un tema de abuso de confianza, creando una mala relación comercial y es probable que el cliente no vuelva a utilizar su servicio, ni lo recomiende con su familia o amigos. Recuerde, el tiempo de cada quien es valioso, no solo el de usted. Siempre haga un esfuerzo por hacer el trabajo esperado. Una buena práctica para cuando lleva a cabo un servicio es la de incorporar puntos de verificación o metas con los clientes para asegurarse de cumplir sus expectativas. Muchas empresas tienen encuestas de servicio con puntos de verificación para el desempeño del empleado, ya sea de forma mensual, semestral o anual. Cuando hay una buena práctica de negocios, los negocios tienden a crecer y ser redituables. Cuando hay un mal sentido de los negocios o se lleva un mal manejo de un negocios, se convierte en el comienzo de la desaparición de los negocios y muchas veces los negocios cierran. ***Tito 3:14*** *– "Y que los nuestros aprendan a ocuparse en buenas obras, atendiendo a las necesidades apremiantes, para que no estén sin fruto".*

Reflexiones personales - 13

1. ¿Se encuentra trabajando actualmente?
   De ser así, ¿cómo cuida su empleo?

2. ¿Es profesional en la forma como se desempeña en su trabajo?

3. ¿Qué piensa del manejo de tiempo?
   ¿Suele llegar tarde a reuniones o eventos? De ser así, ¿por qué?

4. ¿Se prepara la noche previa para el siguiente día? De no ser así, ¿por qué?

5. ¿Qué piensa usted de este capítulo?

6. ¿Aprendió algo que no sabía?

7. Comente sus ideas con su familia y escriba sus conclusiones.

COMENTARIOS ADICIONALES

Capítulo 14

Cordialidad al manejar y reglas de vialidad

Capítulo 14 - La cordialidad al manejar y las reglas de vialidad encabezan la lista de la seguridad. Un conductor amable es un conductor seguro. Muchas veces, los embotellamientos se pueden evitar si los conductores son amables y permiten a otros conductores incorporarse a sus carriles durante el tráfico pesado. Ceda el paso, no le hará nada mal. La furia al volante se ha convertido en algo común y se está saliendo de control. Lo mejor es mantener la calma en todo momento mientras conduce, debido a que la furia al volante puede escalar y salirse de control muy fácilmente y lleva a la gente a conducir de forma agresiva. Un automóvil no es un juguete y no debería de tratarse como tal. **No beba, envíe mensajes de texto, se maquille, coma o arroje objetos** a otros autos mientras conduce.

Siempre preste atención cuando vaya detrás del volante. Arrojar objetos a otros automóviles es un delito en algunos estados. Siempre mantenga la calma y sea amable. *Tito 3:2 - "Que no injurien a nadie, que no sean contenciosos, sino amables, mostrando toda consideración para con todos los hombres".*

Estacionar un automóvil es otro tema de discusión cuando no se practica la cortesía y el respeto. Estacionar su automóvil en un estacionamiento o cochera se basa en el sistema de honor. ¿Se apega usted al sistema de honor cuando espera que se libere un espacio para estacionarse? Siempre espere su turno cuando busque un espacio para estacionarse. Nunca se meta delante de alguien que está esperando estacionarse, solo porque a *usted* le conviene ganar ese lugar; eso es muy irrespetuoso. **¡No lo haga!** Si esto le sucede, deje pasar ese auto, no vale la pena enojarse. Mantenga la calma y espere encontrar el siguiente espacio disponible. Un altercado por un espacio de estacionamiento, no vale la pena. Asimile la situación, ponga la otra mejilla y déjelo ir. Una situación de este tipo puede salirse de control fácilmente; puede costarle hasta su vida.

Para reportar a un conductor agresivo, llame al 911 y proporcione el número de matrícula, la marca, el modelo y el color del automóvil y la dirección hacia donde se dirige el agresor.

Reflexiones personales - 14

1. ¿Permanece con calma cuando conduce?

2. ¿Le ha tocado vivir una experiencia de furia al volante? ¿Cuál fue el resultado?

3. ¿Qué piensa usted de este capítulo?

4. ¿Aprendió algo nuevo?

5. Comente sus ideas con su familia y escriba sus conclusiones.

COMENTARIOS ADICIONALES

Capítulo 15

Una dieta balanceada y ejercicio

Capítulo 15 – Unos cuantos consejos sobre dieta y nutrición. El consumo de una dieta balanceada es el combustible que usted requiere para que su cuerpo funcione diariamente. Consulte con su doctor o nutriólogo para que lo ayude a planear su alimentación para una dieta adecuada que cumpla con sus necesidades nutricionales. Siempre consuma tres comidas balanceadas por día y haga ejercicio. Una buena dieta y una buena nutrición que incluya proteínas, carbohidratos y otros nutrientes, así como un estilo de vida activa, son la clave para el éxito de su salud y la de su familia. Las comidas preparadas con anticipación son otra clave para el éxito, así como llevar un registro de lo que consume diariamente, para responsabilizarse de ello y que se mantenga al tanto de lo que come. Preparar con anticipación los alimentos juega un papel importante para ayudarle a mantenerse por buen camino. Limite el número de veces que coma o cene fuera de casa. Lleve consigo su almuerzo cada vez que pueda. Para sugerencias nutricionales de una planeación de comida balanceada, recuerde siempre consultar un profesional antes de que comience esta práctica. También puede investigar en línea dietas balanceadas y nutritivas. Si está tomando medicamentos, POR FAVOR consulte con su doctor antes de que comience un plan de alimentación.

La pirámide alimenticia, que probablemente recuerde de sus clases de salud en la escuela, es una guía nutricional que le proporciona información sobre el consumo de alimentos recomendado para cada grupo alimenticio. Ésta se divide en **cinco grupos por código de color**; granos (café/anaranjado), verduras (verde), frutas (rojo), lácteos (azul) y proteínas (morado). Para comidas balanceadas, trate de incorporar lo más que pueda, la selección recomendada o apropiada de cada grupo alimenticio diariamente.

Los cinco grupos alimenticios principales de la pirámide alimenticia son:

- **Café**/anaranjado - Granos (granos completos y granos refinados).
- Verde - Verduras y legumbres (por ejemplo, frijoles) frescas, congeladas y enlatadas.
- Rojo - Fruta (manzanas, naranjas, plátanos, frutos rojos, etc.) fresca, congelada y seca.
- Azul - Leche, yogurt y queso.
- Morado - Proteínas (carne, aves, pescado, mariscos, nueces, semillas, tofu, huevo).

Además de una dieta balanceada, incluya al menos un mínimo de 30 a 45 minutos de ejercicio, o camine 3 a 5 veces por semana. Si nunca ha hecho ejercicio y quiere comenzar a ejercitarse de forma constante, **comience de forma lenta**, asegúrese de utilizar ropa cómoda y el calzado adecuado para evitar lesiones. Posteriormente, identifique el tipo de ejercicio que planea incorporar y establezca una pequeña meta para iniciar. Considere también, obtener una membresía en algún gimnasio, un lugar para ejercitarse o contratar un entrenador que lo ayude con esta labor. Muchos centros locales de su comunidad ofrecen clases como yoga, zumba, *jazzercise* y ejercicios de rutinas. Recuerde mantenerse hidratado bebiendo la cantidad suficiente de agua y bebidas deportivas. Sodio, potasio y otros minerales se pierden cuando hace ejercicio y deporte, pero puede reabastecerse con bebidas deportivas. Cuando practique un deporte o haga ejercicio, su cuerpo transpira y suda más de lo normal y el potencial de lesiones aumenta si no se cuida, realice ejercicios de estiramiento. Como siempre, consulte con su doctor o a un profesional de la salud antes de que comience cualquier programa. Comprométase al éxito.

Reflexiones personales - 15

1. ¿Come diariamente de forma balanceada basado en la pirámide alimenticia? ¿Qué desayuna? ¿Qué come? ¿Qué cena?

2. ¿Hace ejercicio de forma consistente? De ser así, ¿qué tan seguido?
   ¿Qué tipo de ejercicio?

3. ¿Qué piensa usted de este capítulo?

4. ¿Aprendió algo nuevo?

5. Comente sus ideas con su familia y escriba sus conclusiones.

COMENTARIOS ADICIONALES

Capítulo 16

Cómo enhebrar una aguja

Capítulo 16 - Enhebrar una aguja es un arte simple, pero perdido y se puede hacer en unos cuantos sencillos pasos: **1)** seleccione el hilo de su preferencia, **2)** corte un pedazo de hilo lo suficientemente largo para su proyecto, aproximadamente de 20 pulgadas, **3)** asegúrese que la punta con la que cosera esté afilada y uniforme, si no, corte el extremo en ángulo con unas tijeras, **4)** humedezca la punta del hilo y con delicadeza guíelo a través del ojo de la aguja. **5)** una vez que el hilo haya pasado a través del ojo, jale el hilo y junte los dos extremos del hilo y haga un nudo para asegurarlo, envolviendo los dos extremos alrededor de su dedo y formando un nudo. Enhebrar una aguja puede ser difícil para algunos; cuando esto pasa, existe una herramienta llamada enhebrador, que se utiliza para que el hilo pase por el ojo de la aguja. También hay agujas disponibles para vista cansada, que ayudan a ensartar el hilo en una aguja, simplemente haga un lazo en un extremo del hilo y deslice el hilo por la apertura en la aguja y como por arte de magia, el hilo quedará ensartado. Ahora está usted listo para coser un botón o hacerle la bastilla a una prenda. La práctica hace al maestro. Una vez que lo domine, no se le olvidará jamás, será como andar en bicicleta. ¡Así de fácil! Quién sabe, ¡tal vez usted sea el siguiente diseñador de moda!

Reflexiones personales - 16

1. ¿Qué piensa usted de este capítulo?

2. ¿Aprendió algo nuevo?

3. Comente sus ideas con su familia y escriba sus conclusiones.

COMENTARIOS ADICIONALES

Capítulo 17

Notas de agradecimiento

Capítulo 17 - ¿Alguna vez ha recibido un obsequio de graduación, de cumpleaños, jubilación o en un *baby shower*? ¿Ha recibido ayuda de algún amigo o familiar, o alguien le ha hecho un favor o realizado una buena acción sin ningún motivo en particular? Si es así, ¿les envió una nota de agradecimiento a esas personas? Esta es otra de mis manías preferidas. Aunque **no es obligatorio** dar las gracias, es una cortesía común decir: "¡Gracias!". Enviar una nota de agradecimiento no es algo que se espera, pero es una excelente manera de hacerle saber a aquella persona que le hizo un favor, lo ayudó o le dio un obsequio, que usted está muy agradecido por el detalle o el servicio prestado y que lo apreció mucho. Decir "gracias" de forma verbal es bueno, pero tenga el hábito de decir "gracias" enviando una nota, un correo, una tarjeta en línea o carta de agradecimiento escrita con su puño y letra o impresos. **No envíe un mensaje de texto** o mensaje verbal por medio de otra persona. Esto no es aceptable y es de muy poco gusto. En la sociedad tecnológica de hoy, enviar una tarjeta escrita a mano o en línea son aceptables y apreciadas. Siempre es bueno enviar notas de agradecimiento inmediatamente después de recibir un obsequio o un servicio, de lo contrario, se le puede olvidar hacerlo. Se acostumbra enviar una nota de agradecimiento una semana o dos después de haber recibido el obsequio o servicio.

Comience esta práctica con su hijo. Escriba una nota de agradecimiento simple para ellos, incluya el nombre de la persona que le dio el obsequio o le brindó el servicio y mencioné qué recibió. Permítale a su hijo que escriba las palabras en las notas para que sea más personal. Pronto se convertirá en algo común y él mismo le recordará enviar notas de agradecimiento. Cuando los niños pequeños hagan sus propias notas de agradecimiento, permítales ser creativos e incluso deje que las coloreen. ¡Les encantará!

Cuando reciba múltiples obsequios, haga una lista de todos los obsequios físicos o monetarios y el nombre de la persona que se los dio. Marque su lista de destinatarios a medida que envía las notas de agradecimiento.

Reflexiones personales - 17

1. ¿Qué piensa usted de este capítulo?

2. ¿Aprendió algo nuevo?

3. Comente sus ideas con su familia y escriba sus conclusiones.

COMENTARIOS ADICIONALES

Capítulo 18

Cómo lavar la ropa a máquina

Capítulo 18 - Una de las cosas más importantes por hacer antes de lavar la ropa, es saber cómo preparar su ropa. Lavar la ropa puede hacerse en unos cuantos pasos: **1)** Separe la ropa en cargas diferentes por color o material (ropa blanca, ropa de color, toallas, gruesa o delicada). Cada carga debe lavarse por separado; **2)** determine el tamaño/capacidad de carga de la lavadora (pequeña, mediana, grande); **3)** seleccione la temperatura del agua: caliente, fría o tibia. Comúnmente, la ropa blanca se lava con agua caliente o tibia, con un blanqueador o cloro y la ropa oscura se lava con agua tibia o fría, dependiendo de su preferencia y tipo de material; **4)** los ciclos de lavado varían dependiendo de la ropa que se lava y el tiempo del ciclo de lavado (por ejemplo, un ciclo corto o delicado se usa para prendas delicadas como lencería o ropa interior); **5)** después, agregue el detergente o jabón en polvo para lavado y la ropa que se lavará. Es importante que sepa que los detergentes hoy en día vienen en diferentes presentaciones: líquido, polvo o vainas; **6)** se puede agregar un ablandador de telas al ciclo de lavado o se puede agregar también una toallita suavizante de telas a la secadora, una vez que el ciclo haya terminado su ciclo de lavado; **7)** después de que su ropa se haya lavado y secado, el último paso es doblarla y guardarla; haga de esto un hábito. Esta es una oportunidad muy buena para que su hijo se involucre y es una gran manera de enseñarle a lavar la ropa. Doblar la ropa inmediatamente después de secarla puede, en muchos casos, eliminar el paso de tener que plancharla. Después de lavara y guardar la ropa, otra buena práctica es preparar la ropa que usará el siguiente día.

¿Ha visto alguna vez un tendedero o pinzas para la ropa?, mismos que ya se ven muy poco y en cierta forma son del pasado. En países del tercer mundo, aún hoy en día, se usan tendederos y pinzas para la ropa. Ahora contamos con lavadoras, secadoras y lavanderías. Para muchos ya no es necesario colgar la ropa afuera en el frío helado o el calor agobiante. Somos realmente afortunados.

Reflexiones personales - 18

1. ¿Qué piensa usted de este capítulo?

2. ¿Aprendió algo nuevo?

3. Comente sus ideas con su familia y escriba sus conclusiones.

COMENTARIOS ADICIONALES

Capítulo 19

Consejos básicos

de seguridad

CONSEJOS BÁSICOS DE SEGURIDAD

- ✓ Platique con su hijo acerca de la importancia de la seguridad en la vida diaria.
- ✓ Sostenga la mano de su hijo pequeño cuando salga y antes de cruzar la calle.
- ✓ Siempre mire hacia ambos lados antes de cruzar la calle. Cruce donde se encuentra el cruce de peatones.
- ✓ Cuando camine en las calles o vías, siempre camine del lado que va viendo de frente al tráfico. Padres, cuando caminen, mantengan a su hijo en la parte interna alejada del tráfico.
- ✓ En casa, planee un plan de escape en familia en caso de un incendio y coméntelo con ellos.
- ✓ Enséñele a su hijo medidas de seguridad durante un incendio. Dígales que no jueguen con cerillos o con la estufa.
- ✓ Nunca deje ollas calientes sin vigilar sobre la estufa. Siempre asegúrese de que el mango de la olla no esté al alcance de los niños. Voltee el mango hacia la parte trasera de la estufa.
- ✓ Nunca deje una vela encendida sin vigilar.
- ✓ Platique con su hijo acerca de la seguridad dentro del automóvil, la importancia de siempre abrocharse el cinturón de seguridad y mantener las manos dentro del automóvil cuando la ventanilla esté abajo.
- ✓ No publique información personal en redes sociales: Facebook, Twitter y/o Instagram. Nunca publique información despectiva que pudiera afectar su actual o potencial empleo.
- ✓ Enseñe a su hijo a no hablar con extraños.
- ✓ Mantenga alejados de los niños los objetos peligrosos o venenosos.

- ✓ Siempre lávese las manos después de ir al baño y antes de cada comida.
- ✓ Siempre cubra su boca cuando estornude, luego lávese las manos.
- ✓ Si tiene niños pequeños, cubra todas las tomas de corriente en su hogar y mantenga los cables fuera de alcance.
- ✓ No beba y conduzca.
- ✓ No use el teléfono celular mientras conduce.
- ✓ No se maquille y conduzca.
- ✓ Involúcrese en la vida diaria de sus hijos y familia.
- ✓ Manténgase informado.

Reflexiones personales - 19

1. ¿Qué piensa usted de este capítulo?

2. ¿Aprendió algo nuevo?

3. Comente sus ideas con su familia y escriba sus conclusiones.

COMENTARIOS ADICIONALES

Capítulo 20

Buenos modales en el uso del teléfono celular

Capítulo 20 - Los teléfonos celulares o portátiles son una maravilla de la tecnología en nuestra actualidad Les permiten a los usuarios hacer y recibir llamadas, tomar fotografías, editar fotografías, realizar videos y mucho más. La tecnología está en constante cambio y los teléfonos celulares, mejor conocidos como *smartphones* o teléfonos inteligentes, son prueba de ello. Existen más de 1000 aplicaciones que se han creado para estos teléfonos, que van desde juegos, mapas, sistema GPS, relojes, karaoke y más. Algunos jóvenes y adultos tienen la bendición de contar con uno, pero la mayoría no se adhiere a reglas de buenos modales de su uso. Por favor, respete a otros cuando esté usando el teléfono celular. En un mundo con toda esta tecnología, es necesario tener buenos modales para utilizar el teléfono celular. A continuación, encontrará algunos consejos.

- ➢ Apague su celular en reuniones, cenas, restaurantes, consultorios médicos, iglesias, escuelas, cines y lugares públicos.
- ➢ No envíe mensajes de texto mientras conduce.
- ➢ Evite enviar mensajes de texto en lugares públicos.
- ➢ Apague su celular cuando se encuentre en alguna tienda realizando alguna compra.
- ➢ No hable por el teléfono celular mientras realiza una compra.
- ➢ No hable en voz alta. Su conversación es "su conversación", es suya y debe ser privada, y no es para que todos la escuchen o de consumo público.
- ➢ El altavoz de su celular debe utilizarse en modo privado. Nuevamente, no es para consumo público.
- ➢ Debe utilizar equipo de manos libres mientras conduce.

Reflexiones personales - 20

1. ¿Qué piensa usted de este capítulo?

2. ¿Aprendió algo nuevo?

3. Comente sus ideas con su familia y escriba sus conclusiones.

COMENTARIOS ADICIONALES

Capítulo 21

Deberes cívicos

Capítulo 21 - Es un honor y privilegio ser ciudadana de los Estados Unidos de América. Como ciudadanos de los Estados Unidos de América, tenemos la obligación respecto ciertos derechos y debemos cumplir con ciertas responsabilidades como por ejemplo, el pago de impuestos estatales (si es que aplican) y federales al gobierno, votar, ser parte de un jurado si se nos lo pide, ser voluntarios y respetuosos de la ley. De forma personal, considero que pertenecer a una iglesia es una parte de mis deberes cívicos y de ser una ciudadana productiva en mi comunidad, sin embargo usted podría pensar diferente. Existen muchas más obligaciones cívicas, pero las cosas que menciono más adelante, son las responsabilidades cívicas básicas.

Dependiendo de los requisitos de edad para su estado, asegúrese de estar registrado para votar y aliente a su hijo a registrarse para votar en cuanto cumpla la mayoría de edad para ello. Los Consejos Electorales en la mayoría de los estados ofrecen talleres o clases, donde enseñan el proceso para votar, sobre las elecciones y los deberes cívicos. Cuando vaya a votar, algunas mesas electorales le permitirán ir acompañado de su hijo. Esta es una experiencia grandiosa para su hijo pequeño y le da un motivo de algo que tenga ganas de hacer en el futuro. Votar es nuestro deber cívico como ciudadanos. **"Su"** voto puede hacer la diferencia. Recalque en su hijo la importancia de votar y de que cada voto cuenta. Existen muchos otros deberes cívicos. Para mayor información con respecto a Deberes y Compromisos Cívicos, contacte a su Consejo Electoral local.

Reflexiones personales - 21

1. ¿Cuál es su deber cívico como ciudadano?

2. ¿Usted sabe dónde conseguir la información con respecto a su deber cívico?

3. ¿Está usted registrado para votar?

4. ¿Qué piensa usted de este capítulo?

5. ¿Aprendió algo nuevo?

6. Comente sus ideas con su familia y escriba sus conclusiones.

COMENTARIOS ADICIONALES

Capítulo 22

Conclusión

Capítulo 22 Conclusión - Debido al amor que le tengo a mi familia, he puesto todo mi corazón en escribir este libro. Me crié con las habilidades básicas y he estado expuesta a muchas cosas de la vida. Al ver que la juventud de hoy carece de muchas cosas en distintas áreas, he decidido compartir mi conocimiento porque **ellos no saben.** Estamos perdiendo mucho con cada generación, y es muy obvio que a ellos les faltan las habilidades básicas para llegar a ser adultos productivos

Para ayudar a fortalecer los lazos familiares, construir relaciones y límites sanos, unos cuantos cambios en la dinámica familiar pueden hacer una gran diferencia. Comience por programar tiempo para pasar en familia diariamente, disponga de un momento todos los días y escuche a su hijo, cenen juntos, pregúntele a su hijo cómo le fue en la escuela y comparta con la familia su día. Aprenda a comunicarse y escuchar a su familia, y por último, permítale a su hijo que sea él mismo al expresar sus sentimientos, esto le ayudará a construir su autoestima y desarrollarse como individuo íntegro. Cambiemos el rumbo del **"ellos no saben"** y mantenga la flama encendida al pasar la antorcha con las habilidades básicas de la vida a nuestros pre-adolescentes, adolescentes, adultos jóvenes y padres, para que ellos **"sepan".** El cambio comienza con usted. Por favor, no permita que sucedan cosas por "llevarse bien" o "finja saber qué hace hasta que lo logre". Infórmese, pregunte. **El conocimiento es poder.** No está mal hacer preguntas; si usted no sabe, pregúntele a alguien, busque o investigue la respuesta. Este libro es un buen recurso inicial y un trampolín para muchos que carecen el conocimiento básico y que quieran aprender. También cuenta con muchos temas de conversación para la hora de la cena con familiares y amigos. Recuerde, "se necesita una aldea entera para educar a una familia" y "uno le enseña a otro".

Usted es responsable de sí mismo y de la supervivencia de su familia. ***Mateo 25:21*** - *"Su señor le dijo: "Bien, **siervo bueno y fiel**; en lo poco fuiste **fiel**, sobre mucho te pondré; entra en el gozo de tu señor".*

Reflexiones personales - 22

1. ¿Recomendaría este libro a familiares y amigos? De ser así, ¿por qué?

2. ¿Qué piensa usted de este capítulo?

3. ¿Aprendió algo nuevo?

4. Comente sus ideas con su familia y escriba sus conclusiones.

COMENTARIOS ADICIONALES

AGRADECIMIENTOS ESPECIALES

Un agradecimiento especial a mi esposo Gleason y a mi hija Glenna por siempre estar a mi lado con todo su amor y apoyo. Sin ustedes, esto no hubiera sido posible. También, agradezco especialmente a mi hermana mayor, Marlene Shaw Fullilove y a una querida amiga y hermana de sororiidad, Eureka McAfee por sus palabras de aliento siempre positivas. Agradezco a mi amigo, Joyce Myrick Brooks por la fotografía incluida en este libro.

Acerca de la autora

Regina Shaw Small creció en Memphis Tennessee y fue bendecida al ser criada por sus padres Alonzo y Thelma Shaw, ambos ya fallecidos. Desde su niñez, Regina siempre fue reservada pero muy creativa y curiosa. Aunque era muy tímida, aceptó a Cristo desde muy pequeña y lleva una vida temerosa de Dios. Al reconocer su timidez, su madre la inscribió a diversas actividades que la motivaron a querer hacer más, como lecciones de piano, empezar en el nivel *Brownie's* de las niñas exploradoras hasta el nivel superior, participar en la banda musical y de concierto de la secundaria y la preparatoria, el coro juvenil y principal de la iglesia, ser miembro de la banda Sunshine, de la Unión de Formación Bautista[x], formar parte de diferentes clubes sociales en la escuela, la comunidad y mucho más. Mientras estudiaba la primaria, era la pianista suplente en el servicio funerario local cuando el pianista principal no podía asistir... ¡Uff! Le encantaba hacer nuevas cosas y viajar. Cada verano desde que tenía siete años, Regina y dos de sus hermanos iban a campamentos nocturnos por dos semanas. Durante adolescencia, viajaba a Chicago en algunas ocasiones para traer a sus sobrinas y sobrinos a Memphis para que los visitaran en el verano. Siempre era una aventura; una adolescente viajando con cinco niños en tren.

Recibió su título universitario en Enseñanza Primaria de la Universidad de Langston en Langston Oklahoma, que es la última Universidad y Colegios Históricamente Afroamericanos[xi], del lado este del país. Mientras su carrera como maestra duró poco, su vida dio un giro repentino hacia la ingeniería, donde pasó mucho tiempo de su carrera como ingeniera en sistemas por más de cuarenta años. A Regina le encantaba su nueva carrera, donde su liderazgo y sus hábitos de trabajo meticuloso pronto fueron reconocidos. Rápidamente fue recompensada por sus esfuerzos y escaló a posiciones importantes hasta llegar a la Gerencia. Disfrutaba capacitar a los nuevos ingenieros de pruebas enseñándoles cómo llevar a cabo pruebas adecuadas utilizando el Sistema de Integración y Metodología de Pruebas, y cómo ser buenos ingenieros de pruebas. Si había un problema que se encontrara en un sistema, Regina no tenía dificultad en encontrarlo. Por muchos años, viajó a California para capacitar nuevos ingenieros de pruebas para el proceso de pruebas. Gran parte de su carrera la pasó trabajando para el Corporativo Northrop Grumman, con más de 20 años de servicio, seguido de BAE, Raytheon y terminando su carrera profesional en el Corporativo Leidos en 2018.

Desde su jubilación, se ha mantenido ocupada como miembro activo del Centro de Legado de la Iglesia Bautista de Kettering, la Asociación de Alumnos de la Universidad Nacional de Langston[xii], como voluntaria en la organización *Para que otros puedan comer*[xiii] y como miembro fundador del Grupo de Rezo de Mujeres en el Círculo[xiv]. Regina ha sido miembro de la fraternidad Delta Sigma Theta Sorority, Inc., donde continuamente se ofrece como voluntaria. Celebrará 50 años como una Delta de Oro en el 2020. La vida ha sido buena y con la continua Gracia y Piedad de Dios, ella continuará este viaje. **Juan 14:15** – *"Si ustedes me aman, guardarán Mis mandamientos".*

Después de años de ver familias desintegrarse y al reflexionar sobre la continua pérdida de habilidades básicas para nuestra generación más joven, ella decidió escribir este libro titulado, **"Ellos no saben"**. Uno nunca sabe hasta dónde puede llegar o parar este libro, pero ella reza porque sea una bendición para alguien. Tan solo piénselo, este podría ser el comienzo de una serie de libros de auto-ayuda. Permanezca atento.

¡Los amo!

Regina S. Small

Mi pasaje favorito...

Isaías 40:31

"Pero los que esperan en el Señor, renovarán sus fuerzas. Se remontarán con alas como las águilas; correrán y no se cansarán; caminarán y no se fatigarán".

NOTAS

NOTAS

NOTAS

NOTAS

NOTAS

Notas del traductor

---

[i] PTA: por sus siglas en inglés, *Parent Teacher Association*.
[ii] PTSA: por sus siglas en inglés, *Parent Teacher Student Association*.
[iii] PTO: por sus siglas en inglés, *Parent Teacher Organization*.
[iv] NDDC: por sus siglas en inglés, *National Defense Cadet Corps*.
[v] ROTC: por sus siglas en inglés, *Reserve Officers Training Corps*.
[vi] AWANA: por sus siglas en inglés, *Approved Workmen are Not Ashamed*.
[vii] R.S.V.P.: de la expresión en francés *"Répondez s'il vous plaît"*, que significa, *responda por favor*.
[viii] 401K: es un plan de retiro en EE.UU. que le permite a los empleados de una empresa aportar dinero antes o después de pagar impuestos a través de un acuerdo de deducción de nómina.
[ix] IPT: por sus siglas en inglés, *Integrated Product Teams*, que es un grupo multidisciplinario de personas que son responsables de entregar un determinado producto o proceso.
[x] BTU, por sus siglas en inglés, *Baptist Training Union*.
[xi] HBCU, por sus siglas en inglés, *Historically Black College and University*.
[xii] LUNAA, por sus siglas en inglés, *Langston University National Alumni Association*.
[xiii] SOME, por sus siglas en inglés, *So Others Might Eat*, una organización sin fines de lucro.
[xiv] WIC por sus siglas en inglés, *Women in the Circle*.

www.ingramcontent.com/pod-product-compliance
Lightning Source LLC
Chambersburg PA
CBHW032128090426
42743CB00007B/513